ZUHAUSE IST EIN GEFÜHL

Geborgenheit geht ganz einfach

Zuhause

Martina Goernemann

ZUHAUSE IST EIN GEFÜHL

Geborgenheit geht ganz einfach

Fotos von Sonia Folkmann

Bassermann Inspiration

INHALT

SMILE

Bin Brötchen holen!

Wenn wir frisch gebrühten Filterkaffee riechen oder Niveacreme, wenn wir aus dicken Tassen heiße Suppe löffeln oder warmen Pudding, dann ist das gutes, pures Zuhausegefühl. Je schneller sich jedoch der Alltag dreht, desto mehr scheint dieses Gefühl zu verschwinden. Dabei ist es so wichtig und so leicht zu finden, denn es liegt ja in uns drin. Es ist das Gefühl, das sich einstellt, wenn Berge von Papierkram abzuarbeiten sind und plötzlich der Blick auf die schlafende Katze in der offenen Schreibtischschublade fällt, wenn wir Fischstäbchen mit den Fingern essen oder ein ganzes Wochenende in einem uralten T-Shirt herumlaufen, das in anderen Haushalten höchstens zum Polieren des Silbers hergenommen würde.

Zuhause ist keine staubfreie Zone. Zuhause ist Wohlfühlen. Lassen Sie doch die anderen stets blitzblank bereit sein für den, der kommt, um vom Fußboden zu essen. Bei mir war noch keiner! Meine Gäste sitzen am Tisch und freuen sich mit mir über mein unperfektes, aber wunderbares Haus. Zuhause sein heißt sich fallen lassen und genießen können. Und was das Genießen betrifft, da macht mir so schnell keiner was vor. Höchstens was nach!

Herzlich
Ihre
Martina Goernemann

Aufmerksamkeit

EINE LEICHTE ÜBUNG

Es ist verblüffend, wie sehr man sich selbst begegnet, wenn man einmal ganz in Ruhe und aufmerksam durch sein Zuhause geht. Vielleicht stellen Sie erstaunt fest, dass jeder sein Terrain im Haus hat. Es gibt ein Gästezimmer, vielleicht einen Hobbyraum für den Billardtisch oder die Modelleisenbahn, selbst der Hund hat sein eigenes Körbchen.

Nur Sie haben offenbar vergessen, Ihre höchstpersönliche Ecke zu verteidigen. Ändern Sie das! Kann auch sein, Sie nehmen bei Ihrem Rundgang wahr, dass die Dinge um Sie herum nur noch aus der Vergangenheit grüßen. Sie suchen vergeblich nach etwas, das in die Zukunft weist? Schaffen Sie Platz für Neues in Ihrem Leben. Solange Sie an zu vielen Memorabilien kleben, verstellen Sie sich den Blick nach vorne. Vielleicht erkennen Sie plötzlich die Burg, die Sie um sich herum gebaut haben. Die Mauern sind die tausend Kleinigkeiten, die Sie von der Fensterbank schieben müssen, wenn Sie lüften wollen. Sorgen Sie dafür, dass Ihre Hände nicht mit Räumarbeiten beschäftigt sind, wenn Sie frische Luft brauchen. Nur wer die Hände frei hat, kann Neues anfassen.
Mag sein, dass es sogar einen Burggraben um Ihr Zuhause gibt. Der „Ich-müsste-noch"-Burggraben, der dafür sorgt, dass niemand zu Ihnen gelangt. Die vielen offenen Baustellen, die Sie erst erledigen wollen, bevor Sie Besuch empfangen. Wer Ihnen die Lüsterklemmen unter der Decke oder das fehlende Stück Parkett im Wohnzimmer nicht vearzeiht, gehört nicht in Ihr Leben. Lassen Sie die Zugbrücke herunter und holen Sie sich Gäste ins Haus. Je öfter, desto besser. Sie werden übrigens verblüfft feststellen, dass sich manche Dinge automatisch ändern, wenn Sie bestimmte Wohn-Gewohnheiten ziehen lassen. Probieren Sie es aus. Es ist eine leichte, aber ungemein wirkungsvolle Übung.

EIN 5-STERNE-HOTEL-GEFÜHL

Wenn ich Übernachtungsgäste beherberge, mache ich es Ihnen gerne schön. Ein bisschen Konfekt auf dem Nachttisch und ein paar schöne Magazine neben dem Bett.

Mein Gästezimmer ist stets frisch gelüftet und die Kissen sind ein winziges bisschen parfümiert. Aber das wichtigste Requisit für ein 5-Sterne-Hotel-Gefühl ist die Wasserflasche auf dem Nachttisch. Keine schnöde Plastikflasche, die sich beim Trinken geräuschvoll zusammenzieht. Nein, das Wasser für meine Gäste steht in einer schönen, schlichten Glasflasche am Bett. Ein Trinkglas dient der Flasche als Verschluss. Und die beiden Teile müssen nicht füreinander gemacht sein. Oft funktioniert das wunderbar mit einer Karaffe, der der Stöpsel abhanden gekommen ist, und einem Glas, das dazu passt. Schön und praktisch. Und da ich mich täglich selbst besuche, ahnen Sie bereits, was auf dem Tischchen neben meinem Bett steht? Richtig! Eine schöne, schlichte Glasflasche, die jeden Tag mit frischem Wasser befüllt wird. Ein kleines bisschen Arbeit als Preis für echten Luxus.

junkstyle
junkstyle
comfortable COUNTRY

Siphons, die wieder gangbar gemacht werden können, erkennt man daran, dass sie von einem Drahtnetz ummantelt sind und einen Metallkopf mit drei „Nasen" haben: die Öffnung, aus der das Soda herausfließt, den Betätigungshebel und das Gewinde, auf das eine CO_2-Kapsel passt. Unglaublich: Die Kapseln, die das Wasser schon in den 20er-Jahren zum Sprudeln brachten, gibt es für rund 30 Cent pro Stück immer noch zu kaufen.

SCHÄTZE FINDEN UND REPARIEREN

Eine Flasche Wasser kann heutzutage mehr kosten als der Tisch, auf dem sie steht. Vorausgesetzt, Sie bevorzugen schwedische Möbel und beziehen Ihr Wasser aus dem japanischen Rokkō-Gebirge oder Gletscherwasser aus der Eiszeit.

Kein Witz! Das gibt es wirklich ... besonders weich, besonders sauerstoffhaltig, besonders teuer. Mein Lieblingswasser ist gutes Münchner Leitungswasser, aber es sprudelt aus einer Flasche, die so kostbar ist, dass ich dafür beim schwedischen Möbelhändler eine komplette Wohnzimmereinrichtung kaufen könnte.

Ich benutze einen Soda-Siphon. Das ist eine herrliche Sache. Hergestellt in den 20er- und 30er-Jahren des vergangenen Jahrhunderts. Gemacht aus schwerem, mundgeblasenem Glas tragen diese Siphons eingravierte Namen wie „Sparklet" oder „Heimsyphon". Wo immer Sie ein Exemplar mit diesen Bezeichnungen zu fassen bekommen, greifen Sie zu. Meine Siphons haben auf einem Münchner Flohmarkt keine 10 Euro gekostet und sind nun, von Spezialisten wieder flott gemacht, gut 500 Euro wert. Besonders gut erhaltene Exemplare werden mit bis zu 700 Euro gehandelt, und die Preise steigen, denn die Siphons werden nicht nur bei Top-Barkeepern hoch geschätzt.

Im Internet findet man Adressen von Spezialisten, die solche Siphons wieder flott kriegen. Nicht ganz billig, wenn man sein Fundstück dort einliefert. Dafür bekommen Sie aber eine echte Rarität zurück, die Ihr Leitungswasser in prickelndes Sodawasser verwandelt. Klaglos und kostbar.

Es gibt auch andere Siphons, die sehen zwar schön aus, können aber – außer hübsch auszusehen – nichts mehr für Sie tun. Sie wurden einst geleert, abgeholt und neu befüllt zurückgebracht. Zu umständlich für heutige Wassertrinker. Sie erkennen diese Siphons daran, dass Sie nur zwei „Nasen" haben.

Wäre es nicht schön, von einem winzigen Duftwölkchen begrüßt zu werden, wenn man sich in seine Kissen kuschelt? Einfach die Füllung der Kissen mit ein paar Tröpfchen ätherischem Öl beträufeln. Bezug drauf und fertig. Alle paar Wochen nachbeduften.
Sorgen Sie für Abwechslung je nach Stimmung oder Jahreszeit: Im Sommer Lavendel und Rose, im Winter Orange und Zimt!

WIE RIECHT ZUHAUSE?

Auf jeden Fall nicht jeden Tag gleich! Zuhause ist kein Raum für Schonbezüge und Putzmittelgeruch. Zuhause ist Bewegung und deshalb wechseln auch die Aromen, die uns in die Nase kriechen.

Oft trifft eine Erinnerung aus der Kindheit zufällig auf einen Geruch im Haus, und man gluckst innerlich vor Freude! Räume sind etwas Lebendiges und deshalb gibt es bei uns zuhause eine Duftorgel. Klingt nach riesigem Mobiliar, passt aber in jede mittelgroße Keksschachtel! Sie wollen auch eine? Dann los, gehen Sie in einen Laden, der natürliche ätherische Öle verkauft. Online geht das natürlich auch, aber wenn man die Wahl hat, ist es vorzuziehen, mit der Nase einzukaufen. Wählen Sie mindestens fünf, maximal zehn Öle aus. Ganz wichtig: keine Parfumöle, keine Mischungen. Sondern reine Essenzen wie Rose, Zimt, Salbei, Basilikum. Düfte gehen ohne Umweg direkt in die ältesten Schichten unseres Gehirns. Klopfen Sie also dort an, wo die Weisheit von uns allen verborgen liegt, und fragen Sie: „Welcher Duft tut mir gut?" Nun brauchen Sie noch ein Duftlämpchen oder einen kleinen Topf, den Sie – mit heißem Wasser gefüllt – auf dem Herd simmern lassen. Wann immer Ihnen danach ist, öffnen Sie Ihre Duftorgel und erschnüffeln sich die Empfehlungen Ihres Unterbewusstseins. Lassen Sie von diesem Duft – es können auch mehrere sein – ein paar Tropfen im Haus verdunsten. Sie werden ganz sicher das Richtige tun, und wenn Sie mir nicht glauben, dann lesen Sie nach, welche Wirkungen die Aromatherapie Ihren Düften zuschreibt. Sie werden verblüfft feststellen, dass Ihr Unterbewusstsein Sie genau zu den richtigen Aromen hat greifen lassen, als eine Prüfung anstand oder Ihr Herz schwer war.

Trautes Heim,
Glück allein!

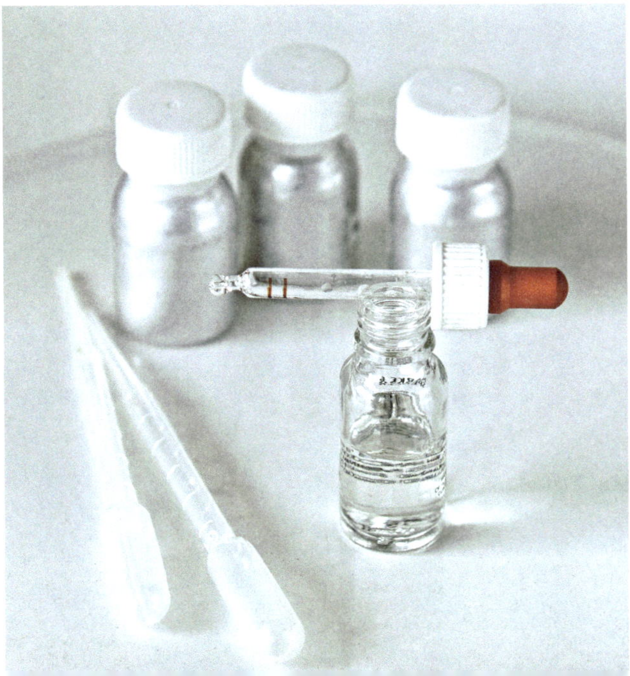

ESSENTIAL OIL
Basil
5 ml

EINE ZWEITE CHANCE

Paint it, move it, cover it! Nach diesem Motto sind viele amerikanische Häuser eingerichtet. Erst mal prüfen, ob Anstreichen, Umstellen oder eine neue Stoffhülle zur Verbesserung führen. Wenn nichts davon zu helfen verspricht, dann „bye bye!"

Ich finde, das ist eine wirklich clevere Einstellung. Sie macht individuelles Wohnen möglich und schont obendrein den Geldbeutel. Damit wir uns hier richtig verstehen: Dinge, die hässlich sind und unstrittig ihre besten Jahre hinter sich haben, werden weder durch Farbe noch durch großzügige Betrachtung zu Schönheiten. Aber es lohnt sich, das Auge zu schulen, um zu erkennen, aus welchen Teilen noch etwas herauszuholen ist. Geben Sie also nicht vorschnell auf, sondern überlegen Sie, ob Abhilfe zu schaffen ist mit Farbe, Stoff oder einer beherzten Umstellaktion. Es gibt unglaublich viele Dinge, die sich über eine zweite Chance freuen. Halten Sie die Augen offen. Aus Stickrahmen werden Memoboards für die Schreibtischkante. Und Wandtafeln, die der Jäger einst für seine Trophäen brauchte, lassen sich zu herrlichen Klemmbrettern für Notizen aller Art machen.
Was Sie brauchen? Ein bisschen Farbe und eine zündende Idee. Blättern Sie mal um!

Bin Brötchen holen!
Die Liebe schafft den Raum, wo der andere er selber sein kann.
Frische Koriander-Würze
Zwiebelgeruch ade
Weg mit dem Fleck
Lavendel-Zitronen-Biskuits

HUOBER

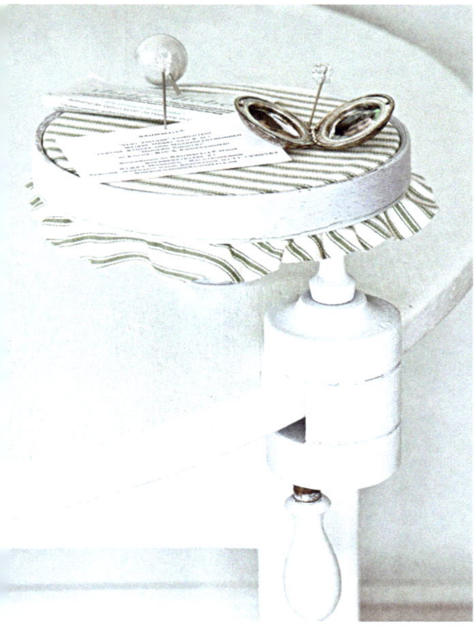

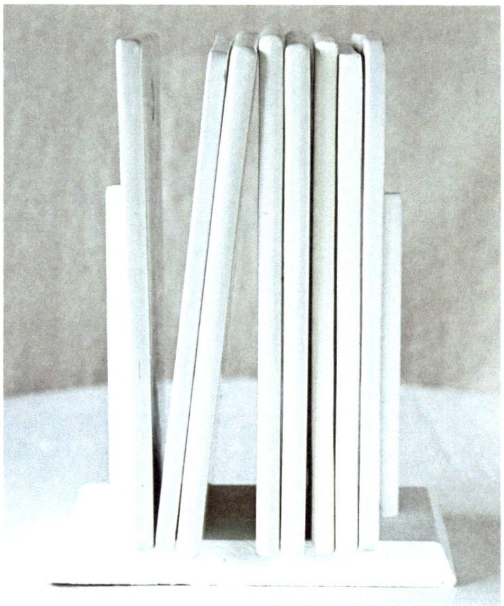

Zarte Sommerbiskuits
Lavendel-
Zitronen-
Biskuits
ZUBEREITUNGSZEIT
ca. 60 Min.
WARTEZEIT 30 Min.
ZUTATEN
• 100 g Butter
• 50 g Zucker
• 175 g Mehl
Apfelkuchen im Glas

WE'RE FLYIN'
THROUGH
THE STARS

BITTE STREICHEN!

Der Satz „das kann man nicht streichen" ist von gestern! Man kann alles streichen: Metall und Kacheln, Blumentöpfe und Fußböden. Merke: Es sind nicht fehlende Hilfsmittel, die Sie von einer Idee abbringen könnten. Es ist fehlender Mut! Greifen Sie also beherzt zu Pinsel und Farbe und liften Sie Ihre Laune! Hier sind die besten Tipps dazu!

GUTE VORBEREITUNG

Besorgen Sie sich zum Abdecken große Pappen beim Discounter. Benutzen Sie Pinsel, die keine Haare verlieren, und stellen Sie zwei Konservengläser bereit. Eines zur Hälfte mit Wasser gefüllt, um die Pinsel zu parken, und eines gefüllt mit Küchenkrepp, um die Pinsel trocken zu stupsen, bevor sie in die Farbe getaucht werden. Kleinteilige Rumrennerei kann den ganzen Arbeitseifer vermiesen.

OBERFLÄCHEN REINIGEN

Was gestrichen werden soll, muss sauber und trocken sein. Teile vom Flohmarkt müssen staubfrei sein und gut entfettet werden, damit die Farbe haftet. Entfettungsspray entweder fertig gekauft aus dem Putzmittelregal oder selbstgemixt mit Essig!

EIN STÜCK STYROPOR

ist von unschätzbarem Wert beim Streichen von Kerzenleuchtern. Die Leuchter auf den Kopf stellen und mit dem Dorn ins Styropor stecken. Verhindert Dellen in der Tischplatte und macht den Leuchter bequem drehbar. Auch praktisch: Farbfeuchte Knäufe von Schubladen oder Schranktüren zum Trocknen ins Styropor piksen.

ISOLIEREN GEGEN FLECKEN

Wer gebeiztes Holz weiß streichen will, isoliert es sicherheitshalber mit einer Schicht gegen Flecken. Den Isolierlack gibt es als Spray, in Tuben oder in der Dose. Wichtig: Wer mit Farbe weiterstreichen will, die wasserverdünnbar ist, muss auch den Isolierlack auf Acrylbasis verwenden.

TIPPS!

FARBWAHL!

Matte Oberflächen sind wunderschön, aber sehr matte Farbe verzeiht nichts. Ein bisschen Glanz täuscht optisch über manche Rille hinweg. Das ist wie beim Faltenfüller mit Glanzpartikeln in unseren Schminkbeuteln! *Pastelltöne* sind schön auf Wand und Möbeln und (wissenschaftlich erwiesen) gut für die Seele. *Lacke aus der Sprühdose* sind teuer und hinterlassen keine so schöne Oberfläche wie die Arbeit mit dem Pinsel. Verwinkelten Teilen sollten Sie aber beherzt mit der Dose zu Leibe rücken. Streichen soll Spaß machen und keine Geduldsprobe sein.

LICHT UND LUFT!

Immer gut lüften, am besten im Freien streichen. Aber nicht im Sonnenlicht. Speziell beim Arbeiten mit weißer Farbe überstrahlt das Sonnenlicht alles, und Ihre Augen können nicht mehr ausmachen, ob streifenfrei gestrichen worden ist. Leichte Bewölkung ist optimal, zumindest aber hilft ein Sonnenschirm.

NERVENSCHONER

Kaum etwas ist ärgerlicher als festzustellen, dass ein Eckchen nicht gestrichen wurde, wenn das Arbeitsmaterial schon weggeräumt ist. Deshalb folgenden Nervenschoner unbedingt beherzigen: Die Farbe trocknen lassen! Dann das Werk ohne Sonnenlicht von allen Seiten, von unten und oben kontrollieren. Erst **dann** das Arbeitsmaterial wegräumen.

ROLL DOCH DAS DING!

Jahrelang hing über meinem Schreibtisch eine Zeichnung, die ich liebte. Ein Bildchen aus einer Zeitschrift ausgeschnitten. Darauf war ein großer, durchtrainierter Mann zu sehen, der sich mit der Weltkugel auf seinem Rücken abschleppte. Ein Mädchen schaute dem Muskelmann zu und in der Sprechblase über ihrem Kopf stand: „Roll doch das Ding, du Blödmann!"

Ich flüstere mir diesen Satz bisweilen selbst zu, wenn ich die Ideen nicht erkenne, die uns täglich das Leben erleichtern wollen. Neulich las ich von einem Mann, der Lachs mit Salbeibuttter in Alufolie dünstet. Finden Sie nicht ungewöhnlich? Ich schon, denn der Lachs schmorte auf dem heißen Motorblock während seiner Heimfahrt vom Büro.
Meine Freundin Susanne hat solche Tricks auch drauf. Neulich war ich bei ihr zu Besuch und sie fragte: „Käsetoast?" Ich nickte und erwartete, dass sie geräuschvoll ihren Backofen leer räumen würde, denn Susanne parkt sämtliche Kuchen- und Auflaufformen darin. Falsch! Susanne ging zu ihrem Toaster, kippte ihn auf die Seite und schob zwei Scheiben Vollkorntoast mit Raclettekäse hinein. Ein Handgriff und fertig war der Käsetoast-Grill! Kluge Susanne!
Viele Dinge in unseren Schränken behandeln wir weit unter ihren Möglichkeiten. Geben wir ihnen doch die Chance, über sich selbst hinauszuwachsen. Wenn wir uns trauen, um die Ecke zu denken, wird uns manche unerwartete Hilfe zuteil, und die Anschaffung kleiner und großer Platzvernichter lässt sich so glatt vermeiden.

TIPPS!

SCHUHCREME

Gestreckt mit Bohnerwachs kann man braune Schuhcreme benutzen, um helle Stellen vom Scheuern oder Schleifen im Parkett anzugleichen. Schwarze hilft, wenn Sie Ihren Flohmarktschätzchen bewusst einen „shabby" Touch geben wollen: Anstreichen, Ecken und Kanten anschleifen und dann mit schwarzer Schuhcreme und weichem Lappen über die Ecken gehen.

TRICHTER

Ein alter Trichter kann Ihre Ringe und Armbänder verwalten. Wem der Shabby-Look nicht gefällt, der nimmt Trichter aus Glas oder Porzellan, dann sieht das Ganze sehr edel aus.

WAFFELEISEN

Reibekuchen, Rievkooche, Reiberdatschi ... Drei Namen für die gleiche leckere Sache. Kleine, in der Pfanne ausgebackene Puffer aus geriebenen, rohen Kartoffeln, Eiern und Zwiebeln. Nehmen Sie mal Ihr Waffeleisen zum „Reibekuchenbraten". Spart Fett und das Ergebnis sieht toll aus.

EIERSCHNEIDER

Bloß weil das Ding Eierschneider heißt, muss er doch kein langweiliges Leben führen. Geben Sie ihm neue Aufgaben, und er wird Ihnen das Leben erleichtern, wenn sie den nächsten Obstsalat zubereiten.

LASSEN SIE SICH HELFEN

Sein Zuhause mit allen Sinnen zu genießen, macht Arbeit! Da gibt es nichts zu diskutieren, das ist so! Wer täglich kocht und backt, hat mehr zu tun, als jemand, der die Nusshörnchen aus der Bäckerei holt.

Wer den Speisen stets einen attraktiven Auftritt verpasst, muss mehr Zeit einplanen als der, der sein Abendessen liefern lässt. Kreativ sein, umfüllen, Farben und Materialien mixen ... Es gibt Tage, da reicht die Zeit hinten und vorne nicht für blitzblanke Badezimmer und ausgewogene Mahlzeiten mit Stoffservietten. Ich habe lange an meinem Zeitmanagement herumgetüftelt, um mir eines Tages endlich einzugestehen, dass ich von Zeitfressern umgeben war und es kein Makel ist zuzugeben, dass man Unterstützung braucht. Nun habe ich Helferlein zuhause. Sie arbeiten klaglos, ohne Urlaubsanspruch und gutaussehend sind sie obendrein!

Die Küchenmaschine
Vorbei sind die Tage, an denen kostbare Zeit verloren ging, weil ich bis zur Taille im Küchenschrank verschwand, auf der Suche nach Knethaken oder Rührschüssel. Nun habe ich eine Küchenmaschine, die so hübsch ist, dass sie nicht im Schrank verschwinden muss, sondern einen festen Platz in der Küche hat.

Der Staubsaugerroboter
Ein anderer Helfer in meinem Haus gehört inzwischen fast zur Familie. Er hat die Größe einer Schwarzwälder-Kirschtorte und macht Geräusche, die unsere Katzen hassen. Wenn ich am Schreibtisch sitze, macht er sich über die Krümel her, die beim Frühstück unter den Tisch gefallen sind. Wunderbar! Es gibt schon sehr erschwingliche Exemplare, die hervorragende Arbeit leisten. Freuen Sie sich über die gesparte Zeit und gönnen Sie sich einen.

Besen und Kehrschaufeln

„Fegen und kehren soll man ehren!" Solche Sprüche standen auf den Sticktüchern früherer Generationen. Spätestens wenn eine Horde Teenager mit sandigen Schuhen quer durch Ihr Wohnzimmer getrottet ist, wissen Sie, was die Großmütter meinten. Ein Staubsaugerroboter, der gemütlich seine Kreise zieht, hilft in einem solchen Notfall nicht. Natürlich haben wir auch einen Staubsauger fürs Grobe. Energieeffizient und mit 15 verschiedenen Aufsätzen. Das Ding wiegt so viel wie ein ausgewachsener Schäferhund und ist auch ungefähr so groß. Bis ich das Teil hervorgezerrt und mit der richtigen Düse versehen habe, bin ich schweißgebadet! Wohl dem, der nun einen guten, altmodischen Besen hat. Einen richtig guten (!) Rosshaarbesen nebst Handfeger und Kehrschaufel. Eine Kehrschaufel aus Emaille wohlgemerkt, kein labberiges Plastikding, sondern eine, die zur Not auch mithilft, meinen Kamin zu säubern, und die bei der Gartenarbeit anpacken kann.

Wasserkocher

Schnell ein Tässchen Tee? Ein warmes Fußbad? Ein winziges Portiönchen Schokolade im heißen Wasserbad schmelzen, um darin drei oder vier Erdbeeren zu tunken? Gesichtsdampfbad, Wärmeflasche, heiße Zitrone? Überlegen Sie mal, wie oft Sie „ein bisschen" kochendes Wasser brauchen. Besorgen Sie sich einen Wasserkocher, der in Ihrer Küche einen festen Platz bekommt. Kein Topfsuchen und kein langes Warten mehr. Knopfdruck, fertig! Sie sparen Zeit und spürbar Strom!

MOMENTE WIE GEMALT

Schöne Bilder sind weit mehr als Wandschmuck. Sie können in unseren Erinnerungen wohnen und tief in unseren Herzen sitzen. Sie können uns treffen, ohne dass wir damit rechnen. Während eines Spaziergangs, beim Blättern in einem Magazin, manchmal beim Blick über den eigenen Tellerrand.

Unser Zuhause hat das Zeug, uns den Alltag mit schönen Bildern zu versüßen. Wir müssen nur die Augen offen halten. Es hält Streicheleinheiten für unsere Seele parat, wenn wir lernen zu schauen. Ich finde, wir sollten unser Zuhause betrachten wie einen Menschen, der uns nahesteht. Es annehmen mit all seinen Macken und Fehlern und dankbar dafür sein, dass wir einander haben. Dann können wir sehen, wie die Gelatine rubinrot auf dem Erdbeerkuchen funkelt. Lächeln, wenn das Orange der Kürbissuppe aus den dicken weißen Suppentellern zu uns hochgrinst. Und gerührt in den Moment eintauchen, wenn die aufgeschlagene Wochenendzeitung sich hebt und senkt und hebt und senkt, weil ein Mensch, den wir lieben, selig darunter im Sessel eingeschlummert ist.

Wenn ich solche Augenblicke erlebe, die wie Gemälde sind, habe ich oft das Glück, dass meine wunderbare Fotografin und Freundin Sonja in der Nähe ist. Dann konservieren wir den Moment und können Sie daran teilhaben lassen. Aber glauben Sie mir, um die Schönheiten des Alltags zu sammeln, braucht man keine Kamera. Das können Sie jederzeit mit Ihren Augen tun und mit dem Herzen sowieso.

ADVEN★T
24

Fest lich keit

Viel Geburtstag zum Glück!
(M)eine Ostergeschichte
Feste brauchen Rituale
Adventskranz 2.0
Danke, Käfer!

Wenn man etwas gut kann, kann man es auch gut verschenken! Rosen beschneiden, Gardinen nähen, Mathe üben mit den Kindern der Freundin.

Ihre Schwester wünscht sich seit Jahren eine meerwasserblau-schlammgrüngraue Wand im Gästezimmer? Schenken Sie ihr einen Stapel Farbkarten mit Schleife drumherum und nehmen Sie sie mit zum Farbengeschäft, wo ihr Wunschton gemischt wird. Pinsel und Abdeckplane warten im Kofferraum Ihres Autos, und am Abend trinken Sie Prosecco vor der unverschämt schönen neuen Wand.

Eine Freundin will seit Monaten ihr Gästeklo tapezieren. Gibt es eine bessere Vorlage für den Geburtstag? Leihen Sie sich einen Schwung Tapetenmusterbücher im Fachhandel. Ihre Freundin sucht gemütlich ihr Lieblingsmuster zuhause aus und Sie spendieren die entsprechende Anzahl Rollen. Wenn Sie sich zutrauen selbst zu kleistern, können Sie gleich loslegen. Ansonsten organisieren Sie ein paar Helfer.

VIEL GEBURTSTAG ZUM GLÜCK!

Es gibt einen magischen Satz, der immer dann mitschwingt, wenn wir Geschenke machen, die wirklich von Herzen kommen. Keine Verlegenheitsbadeöle oder Kerzenleuchter, die auch auf Millionen anderer Wohnzimmertische stehen. Wenn der oder die Beschenkte uns um den Hals fliegt und juchzt: „Woher hast du das gewusst!", dann fällt der Satz, der einer Liebeserklärung gleichkommt: „Du hast es mal irgendwann gesagt!"

Jedem, auch denen, die ihre Wünsche nicht gut äußern können, entfleucht irgendwann ein Wünschlein. Die Kunst des Schenkens ist es, die Ohren zu spitzen und sich das Gehörte zu merken. „Du sagst ja nie, was du haben willst" ist eine Ausrede derjenigen, die sich beim Schenken nicht anstrengen wollen. In frühen Jahren mögen Wunschlisten an das Christkind oder den Osterhasen die Vorfreude auf möglichst viele Päckchen gesteigert haben. Aber sobald wir über ein eigenes Konto verfügen, muss keiner von uns mehr Geschenke „bestellen". Jeder will doch erkannt werden in dem, was er geschenkt bekommt, und seinen Herzenswünschen nicht mit dem Megafon Gehör verschaffen. Ich sage bestenfalls zum Muttertag Wort für Wort, was ich haben will, denn dann wird endlich der Keller aufgeräumt und der Gartenschlauch repariert.

Tatkraft ist übrigens auch ein wunderbares Geschenk. Wenn jemand, der Ihnen am Herzen liegt, seit Jahren davon schwärmt, einmal nach Belgien auf einen Flohmarkt zu fahren, dann organisieren Sie heimlich den Wochenendausflug und dulden keine Widerrede, wenn Sie mit dem Auto vor der Tür stehen. Denn schenken heißt, den anderen wahrzunehmen, wie er ist, und zu sehen, was seine Seele braucht!

SCHOKOLADE
Es muss nicht immer Kuchen sein. Schokolade in Pastell ist ein echter Hingucker nicht nur beim Kindergeburtstag. Das Auge kennt die Tafeln in Brauntönen, bestenfalls in Weiß, und ist überrascht, dass es Sorten wie Himbeer und Knallbrause oder Limone gibt. Ein Chocolatier aus dem Badischen stellt die Tafeln her. Lecker und schön!

KERZENSTÄNDER
Alte Tischkartenständer sind ein unglaublich vielseitiges Wohnaccessoire. Kombiniert mit einem Lolli entsteht ein herrliches Bild, das Lust macht auf einen Geburtstagstisch mit feinen Sachen für Schleckermäuler. Nehmen Sie jeden Tischkartenständer, den Sie zu fassen kriegen. Auch schön als Fotoständer oder für Memos, die Sie im Auge behalten wollen.

TIPPS!

BRIEFHALTER
Wer sagt, dass ein Briefhalter nur Briefe halten darf? Hier sind Stoffservietten für die Festtafel drin. Aber es können auch Lakritzstangen sein oder Weingummischlangen. Man kann Kärtchen daraus ziehen, auf denen die Tischspiele für den Kindergeburtstag geschrieben sind, oder Esspapier in bunten Farben für kleine Naschkatzen hineinstellen.

WANDBOARD
Diese Wandhalter gibt es auf jedem Flohmarkt. Da waren früher die Töpfe für Seife, Sand und Soda drin. Mittelgroße Blumentöpfe passen perfekt hinein. Weiß angemalt, bewahre ich Kordeln und Bänder darin auf. Sieht gut aus und nichts verheddert sich mehr. Kleine Primeltöpfe können Sie auch hineinstellen. Unschlagbar schön!

MACARONS
Weniger wäre das pure Nichts! Und manchmal besteht die Kunst im Weglassen. Wenn Gebäck nicht klebt und kleckert und sich in so schönen Farben präsentiert wie diese Macarons, dann braucht es nicht einmal einen Teller, um daraus einen Augenschmaus zu machen. Macarons kann man kinderleicht und gut auf Vorrat backen.

EISWÜRFEL
Man nehme: Wasser, frische Minze und eine Eiswürfelschale. Fertige Minzwürfel kann man in Plastikbeuteln im Tiefkühler aufbewahren, dann hat man Party-Vorrat. Eiswürfel XXL gibt es mit (Bio)Zitronenscheiben in Muffin-Formen. Mit Wasser auffüllen und gefrieren lassen. Superschick und superlecker. Auch im Sekt!

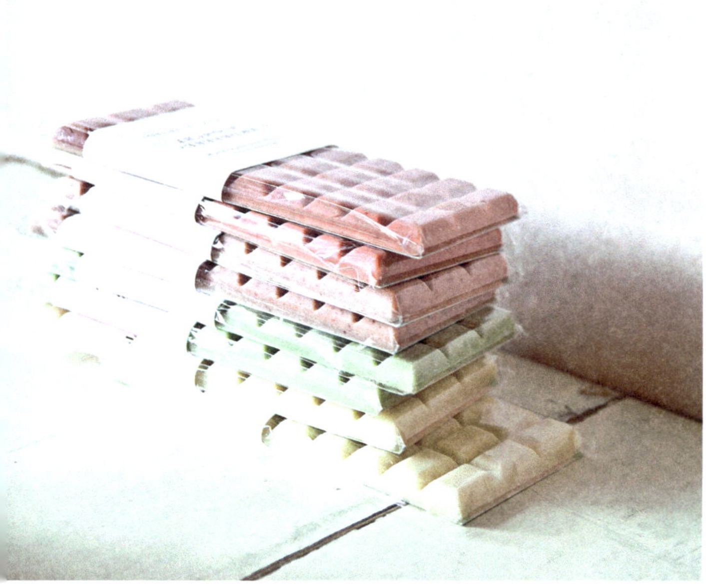

(M)EINE OSTERGESCHICHTE!

Bei uns zuhause hängt ein Kruzifix an der Wand, an dem scheiden sich die Geister meiner Gäste. Manche finden, ich solle in der Hölle braten für derlei Gotteslästerung, andere erkennen einen tiefen Sinn. Meine Freundin Brigitte, eine Theologin, findet sogar, dass dieses besondere Kruzifix eine Freude ist.

Ich bin so gar nicht der Mensch für Kreuze als Wandschmuck. Ich bin gläubig, aber der leidende Jesus macht mich traurig. Trotzdem besitze ich neuerdings ein Kruzifix. Die Geschichte begann – wie so viele meiner Geschichten – auf einem Münchner Flohmarkt. Mein Jesus war begraben unter hellblauen Dessertschälchen und einer elektrischen Zitruspresse. Wunderschönes weißes Biskuitporzellan an ein wackeliges Kreuz genagelt. Gierige Hände schubsten ihn durch den Karton, und es war abzusehen, dass er die Attacke der Schnäppchenjäger nicht lange unbeschadet überstehen würde. Ich befreite ihn und hielt dem Verkäufer fünf Euro hin; er nickte.

Es dauerte ein paar Wochen bis ich mich durchringen konnte, das Kruzifix aus dem Zeitungspapier zu wickeln. Das Porzellan war voller Staub, die Nägel in Händen und Füßen rostig, aber Jesus Blick war fest und erstaunlich optimistisch. Mir schien, dass es ihm besser gehen würde, wenn ich sein dunkelbraunes Holzkreuz in ein freundliches weißes verwandeln würde. Vorsichtig zog ich die Nägel aus seinen Porzellanhänden und ließ ihm ein Bad mit Geschirrspülmittel ein. Wie durch ein Wunder war sein Porzellankörper dem Flohmarktgeschubse ganz und gar unbeschädigt entkommen. Vielleicht war mir auch deshalb nicht wohl dabei, den frisch gebadeten Jesus auf dem frisch gestrichenen Kreuz wieder seinen Qualen zu übergeben. Als hätte er sich wohlig in seinem Schaumbad gestreckt, ließ er sich nicht mehr mit den Nägeln auf dem Kreuz befestigen. Ich ließ ihn – vom Kreuz befreit – auf meinem Schreibtisch liegen, bis mir ein paar Tage später ein Stück alte Spitze in die Hände fiel. Ich warf die rostigen Nägel, die meinen Jesus jahrzehntelang gequält hatten, endgültig in den Müll und band seine geschundenen Gelenke sanft mit dem weichen Band auf dem weißen Holz fest. Ich meine, seitdem ein Lächeln auf seinem Porzellangesicht zu erkennen, und deshalb sehe ich es als erwiesen an, dass er und ich den gleichen Humor haben.

I N
R I

FESTE BRAUCHEN RITUALE

Weihnachten ist das Fest der Familienrituale. Jede Familie hat eigene Gebräuche für die Vorweihnachtszeit und das Fest, die von den Eltern oder Großeltern stammen. Und unsere Kinder werden sie ihren Kindern weitergeben, damit diese sie an ihre Kinder weitergeben …

Bei uns gehört zur Vorweihnachtszeit Zimt! Meine Sehnsucht nach dem würzigen Zimtgeruch beginnt, wenn es draußen kalt und früh dunkel wird. Zimtöl kommt (sparsam!) in die Duftlampen und wird über die Orangenschalen geträufelt, die ich ab Oktober auf allen Heizungen im Haus trockne.
Dann wird auch bald die Popcornmaschine angeworfen und es gibt Winter-Popcorn. Wie das geht? Ganz einfach! Zimtpulver und Puderzucker vermischen und über das warme, frische Popcorn stäuben. Das geht am besten mit diesen riesigen Salzstreuern, wie sie in Pommesbuden verwendet werden. Die gibt's günstig im Gastronomiebedarf und hübsch sind sie obendrein.
Wir knabbern gerne in der Weihnachtszeit, und damit die Nascherei halbwegs gesund ist, habe ich vor vielen Jahren die Weihnachtsnüsse im Wintermantel erfunden.
Adventssonntage ohne diese Familienspezialität? Undenkbar. Die Knabberei ist schnell gemacht und verzaubert Ihr Zuhause mit herrlichem Duft.

MAN NEHME:

Einen Esslöffel Butter, zwei Esslöffel braunen Zucker und einen Esslöffel Honig in eine beschichtete Pfanne geben und zum Schmelzen bringen. Immer gut rühren dabei.
Einen knappen Teelöffel Ras el Hanout, etwas Zimt und zwei Prisen Salz – am besten grobes Meersalz – dazugeben. Gut vermischen und dann zwei Hände voll Nüsse dazu: Paranuss, Cashew, Walnuss, Mandeln.
Alles kurz in der Pfanne schwenken und dann auf ein Backblech geben. 15 Minuten bei 180 Grad im vorgeheizten Backofen rösten. Das Backblech von Zeit zu Zeit rütteln oder die Nussmasse mit einem Kochlöffel hin- und herbewegen.

ADVENTSKRANZ 2.0

Wenn es in meiner Küchenschublade poltert, weil ich irgendwo unter Dosenöffnern und Schaschlikspießen unseren Nussknacker suche, dann ist Weihnachten nah.

Jedes Jahr schleiche ich mich mit einem Teller voller Nüsse ans Fest heran. Dann tausche ich alle weißen Kerzen im Haus gegen rote aus, und wenn auf den Tischen Äpfel liegen, die leuchten wie die Nase von Rentier Rudolf, dann stecke ich schon mittendrin in der gemütlichsten Zeit des Jahres. Weihnachts-Bling-Bling, das kurzlebig vor sich hin glitzert, sucht man bei mir allerdings vergeblich. Wenn ich mein Haus schmücken will, gehe ich an den Küchenschrank. Manchmal kommt es mir vor, als ob die Tassen ihre Henkel recken, damit sie in diesem Jahr endlich beim Adventskranz mitspielen dürfen. Es sind wirklich nur wenige Handgriffe, um aus Alltagsgegenständen Advents-Stars zu machen. Meine Küchenpinnwand zum Beispiel verwandelt sich pünktlich zum ersten Advent. Dort wo sonst Einkaufslisten und Rezepte gesammelt werden, hängen nun 24 Schildchen. Hinter jedem steckt eine Botschaft oder ein kleiner Gutschein. Und weil Kinder lieber naschen als lesen, bekommen sie den Garderobenständer ins Kinderzimmer gestellt. Es werden 24 kleine Beutelchen daran fest gebunden, die Süßes und kleine Geschenke enthalten. Und jeden Morgen, gleich nach dem Aufstehen, ist die Freude groß. Am besten, Sie machen sofort einen Streifzug durch Ihre Schränke. Auch kleine Dinge taugen für den großen Auftritt. Sie wissen ja: Es steckt viel Schönheit in den einfachen Dingen. Lassen Sie sie raus!

3
1
4
2

XMAS

Kaufbeuren

OB STOLLEN ODER
WEIHNACHTSTORTE,
ICH LIEBE KUCHEN,
JEDE SORTE.
ICH MAG AUCH GERNE
BIENENSTICH
AM LIEBSTEN ABER
MAG ICH DICH!

DANKE, KÄFER!

Es war einmal vor langer Zeit, kurz vor Weihnachten! Mein erstes Semester in München war fast geschafft! Ich hatte schon viel gelernt. Zum Beispiel, dass man in München Halstücher kaufen konnte, die mehr kosteten, als ich im Monat für Bude, Brot und Bücher zur Verfügung hatte. Und dass es einen Feinkostladen gab, in dem man ein komplettes Mittagessen einsparen konnte, weil es kostbare Käsepröbchen zu naschen gab.

Ich war häufig dort. Auch wegen der Käsepröbchen! Vor allem aber wegen der Verpackungen: Nudeln in pastellfarbenen Beuteln mit Schleife, Ölflaschen mit Goldfolie, und wenn man Gebäck kaufte, dann wurde das nicht in einer Tüte versenkt, sondern in einen Pappkarton gebettet.

In der Vorweihnachtszeit war hier noch mehr los als sonst. Ich suchte mir einen Platz, wo die Käsepröbchen gut erreichbar waren und ich die Damen der Gesellschaft beim Einkauf beobachten konnte. Austern gingen im Dutzend über die Theke, Kaviar wurde aus riesigen Blechdosen geschöpft. Und die leeren Behälter landeten im Müll, von wo ein heiseres „Boing" zu hören war, sobald sie auf ihre leergelöffelten Schwestern trafen. Wie frevelhaft, diese Prachtstücke in den Müll zu werfen! Ich reihte mich in die Warteschlange ein und fragte den Mann hinter der Theke, ob ich die nächste leere Dose haben könne. Er sagte, das sei nicht erlaubt, aber ich solle abends wiederkommen, er werde sehen, was sich machen ließe.

Meine Freundin Ulrike kippte vor Lachen fast aus dem Straßenbahnsitz, als ich ihr erzählte, dass ich nach Geschäftsschluss mit dem Mann von der Feinkosttheke wegen der Dosen verabredet sei. Ulrike beschloss, vorsichtshalber mitzugehen. Ich musste zum Lieferanteneingang, und der Mann überreichte mir zwei große weiße Plastiktüten, sauber verknotet. Zuhause fand ich fünf wunderschöne riesengroße Kaviardosen. Und das Beste: in jeder war noch etwas Kaviar drin. Ich werde nie erfahren, ob ich das der Verkaufshektik verdankte oder ob der nette Verkäufer mir mit Absicht einen Weihnachtsgruß hinterlassen hatte. Ulrike und ich freuten uns wie die Posaunenengel! Mit einem Plätzchenausstecher verwandelten wir Toastscheiben in essbare Weihnachtssterne, geschmückt mit einem Krönchen aus kostbarem Kaviar. Dazu ein Piccolo, kein Champagner! Aber es fühlte sich so an. Heute habe ich endlich die Chance, danke zu sagen. Danke, Feinkost Käfer! Und danke lieber, freundlicher Verkäufer, wo immer du heute auch bist!

Haben Sie **Kerzenleuchter** im Haus? Dann sind Sie nur Sekunden von einem schicken „Adventskranz" entfernt.

Viele **Christbaumkugeln** sind echte Schönheiten. Lassen Sie sie möglichst früh aus der Kiste.

Wirklich alles, was **Kerzen** fassen kann, hat das Zeug zum Adventskranz: Tassen, Müslischalen, kleine Teller ...

TIPPS!

Besondere **Sammlerstücke** entfalten größtmögliche Wirkung, je sparsamer man sie einsetzt.

Ein ungewöhnliches **Adventsgesteck** für Puristen! Oder für den Schreibtisch im Büro.

Zählen Sie bis **vier** und binden Sie jeder Kerze eine besonders schöne Christbaumkugel um.

Kostbare **Kugeln** gut verpackt! Große Kaffeefilter, wie man sie in Büros hat, sind perfekt dafür.

Beste Zeit, um auf ebay Osterartikel zu ersteigern. **Hasen & Co.** sind in der Weihnachtszeit günstig zu haben.

Müssen **Maiskolbenbräter** nur Maiskolben braten? Dieser sorgt nebenberuflich für Weihnachtsstimmung.

1
2
3
4

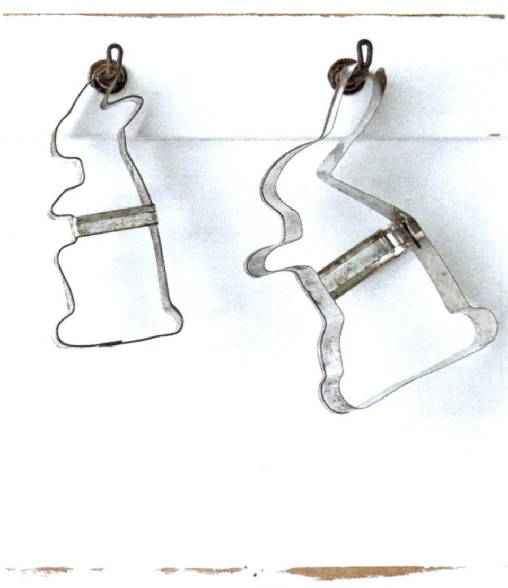

Fröhlichkeit

Gartenzwerge gehören auch zum Leben
Ist mal ganz was anderes
Ruhe für die Augen
Tassentreffen
Avslappning!
Helper's high
Stimmungsaufheller
Ebay-Roulette
Erwache und lache!

GARTENZWERGE GEHÖREN AUCH ZUM LEBEN

Es gibt Dinge, die sind hartnäckig. Unkraut, das Finanzamt, manche Erkältung. Aber die meine ich nicht. Ich meine „Mädchensachen". Dinge, die man als Teenager innig liebte und die bleiben, obwohl das Teenageralter deutlich vorbei ist.

Bei mir ist es Bananenmilch! Und Schlüsselblümchen, lustige Schminkbeutel, wasserblaue Bettwäsche und Lippenpomade in kitschigen Metalldöschen. Bilder mit dicken Engeln drauf und Petits Fours mit mintgrüner Glasur. Pfeifen Sie drauf, wenn Ihnen jemand einreden will, dass die Zeiten vorbei seien für das, was Ihnen gefällt. Reservieren Sie einen Teil Ihres Zuhauses für Ihr Mädchenherz! Wenn Sie allerdings anfangen, Poster von den Backstreet Boys aufzuhängen, dann haben Sie hoffentlich eine gute Freundin in der Nähe, die Sie diskret zur Seite nimmt. Aber im Allgemeinen tun Mädchensachen der Seele unglaublich gut. Und wenn ein Gartenzwerg auf Ihrer Fensterbank Sie fröhlich macht, dann darf er so lange bei Ihnen wohnen, wie Sie beide Spaß daran haben.
Neulich habe ich mir eine rosa Sonnenbrille gekauft, und am Blick des sehr jugendlichen Verkäufers konnte ich Besorgnis erkennen. Er schien sich an die Hoffnung zu klammern, dass ich eine Tochter habe, für die die Brille bestimmt sei … In solchen Momenten stemme ich innerlich die Hände auf meine Hüften und grinse! Denn wenn das Leben mit mir Slalom fährt, dann ist es mein Mädchenherz, das mir sagt, was ich brauche. Bergeweise Kissen zum Beispiel, an die ich mich anlehnen kann, Kartoffelpüree in dicken weißen Schüsseln, Kitsch und Pastell! Ich brauche Pastell, wenn sich in meinem Alltag das Grau breit machen will. Erwähnte ich schon, dass bei meiner neuen Sonnenbrille nicht nur das Gestell rosa ist, sondern auch die Gläser?

IST MAL GANZ WAS ANDERES

Früher erschien mir das Leben geordneter. Ich liebte es, sonntagnachmittags Cowboyfilme im Fernsehen anzuschauen. Die mit den weißen Hüten waren immer die Guten, und die Bösen hatten die schwarzen Stetsons auf. Das wahre Leben macht es uns nicht so leicht, die Guten von den Bösen zu unterscheiden.

Kaum einer will mehr Farbe bekennen, seine Meinung sagen, eine Position vertreten. Aber ich habe einen Satz entdeckt, der ungemein hilfreich ist, wenn man Freunde von Feinden unterscheiden will. Dieser Satz ist der Apfel der Erkenntnis in allen Lebenslagen. Einmal vom Baum gefallen, erkennen Sie den, der ihn spricht, als das, was er ist: ein Wolf im Schafspelz und ein Feigling obendrein! Dieser Satz wird benutzt von Menschen, um gefahrlos Ihre Frisur zu kommentieren, wenn Ihr Frisör eindeutig einen schlechten Tag hatte. Und er kommt

zur Anwendung bei denen, die ihre Mai-Bowle heimlich in die Blumenkübel kippen, weil sie zu feige sind zu sagen, dass ihnen von Waldmeister speiübel wird. Keine Housewarming-Party, auf der dieser Satz nicht fällt: „Ist mal ganz was anderes!" Schon mal gehört? Ein Satz mit dem Tiefgang einer Pfütze. Alte Mehlsäcke als Sofakissen! Irritiertes Augenzucken: „Ist mal ganz was anderes!"
Ein weißgestrichener Klostuhl als Kuschelsessel? „Ist mal ganz was anderes!"
Werkzeugkisten als Behälter für Ihre Kosmetik! Mitleidiger Blick: „Ist mal ganz was anderes!"
Fußbänkchen übereinander statt nebeneinander? Genau! Total „mal ganz was anderes!"
Unehrliche Komplimente-Trommler stellen bei der Begehung Ihres neuen Zuhauses keine Gefahr dar, denn die erkennt man am Dauergrinsen. Auch notorische Miesmacher sind leicht auszumachen, weil die mit einem Gesicht durch Ihr neues Haus gehen, das so aussieht, wie Sodbrennen sich anfühlt. Aber lassen Sie sich nie wieder von Worthülsen ohne Nährwert die Freude am Wohnen rauben. Wenn Sie Spaß daran haben, Ihre Einrichtung individuell zu gestalten, dann lächeln Sie Ihrem Zuhause zu und streichen die „Ist-mal-ganz-was-anderes-Säusler" von Ihrer Gästeliste.

RUHE FÜR DIE AUGEN

Meine Freundin Constanze sagt, sie wohne sehr individuell. Andere sagen, bei Constanze sieht es aus, als hätte der Blitz in eine Dorfkirmes eingeschlagen. Ich tendiere zu denen, die an die Dorfkirmes denken.

Als bei Constanze während einer ihrer Reisen eingebrochen wurde, hat es keiner gemerkt. Ihrem Freund, der die Katze füttern sollte, kam nichts ungewöhnlich vor. Er glaubte, sie habe vor der Abreise keine Zeit zum Aufräumen gehabt. In den Polizeiakten war später von „grobem Vandalismus" die Rede. Geklaut wurde nicht viel. Wahrscheinlich, weil die Einbrecher nichts fanden.

Ein Wohnstil der Ihrer Seele gut tun soll, setzt eine gewisse Ordnung voraus. Ich meine nicht auf Kante gelegte Kuscheldecken oder eine hundert Prozent wollmausfreie Zone. Aber Ruhe für die Augen und ein warmes Willkommensgefühl kehren nur ein, wenn Ihre Räume Struktur haben.

Struktur zu schaffen ist leicht. Sie entscheiden sich für wenige Leitmotive, und schwupps! haben Sie Struktur. Ihr Leitmotiv kann eine Farbe sein oder ein Material, Formen, Themen, Muster. Wenn Ihre Räume Struktur haben, darf auch etwas herumliegen, denn schließlich wohnen Sie ja. Aber es liegen Welten zwischen gelebtem Wohnen und Chaos.

Ich kann Ihnen die ordnende Hand leider nicht ersparen. Es bleibt trotzdem reichlich Spielraum, um Ihr Zuhause zu einer höchstpersönlichen Angelegenheit zu machen. Widerstehen Sie dem Drang, Ihre Unordnung in Individualität umzutaufen. Chaos bleibt Chaos, egal wie Sie es nennen. Und Chaos frisst die Raumluft. Das ist so!

Es ist kein Naturgesetz, dass in Tassen stets Kaffee, Tee oder Kakao einzufüllen sei. Versuchen Sie mal ein Puddingbuffet mit verschiedenen Tassen und verschiedenen Puddingsorten, Mousse au Chocolat und rote Grütze mit Sahne. Befreien Sie beim nächsten Grillfest die Saucen aus ihren schnöden Flaschen und reichen Sie Dips in witzigen Tassen mit kleinen Löffeln.
Geben Sie Ihren Tassen neue Aufgaben. Die mögen das!

TASSENTREFFEN

Ich sammle Tassen! Keine Sammeltassen, sondern Tassen, denen man ansieht, dass sie ein arbeitsreiches Leben hinter sich haben. Wo ich meine schönsten Tassen finde? Klar, auf dem Flohmarkt! Strenge Tassen und pastellige. Besonders gern weiße, und sie müssen immer aus dickem Porzellan sein.

Keine dünnen, zickigen Exemplare. Dickwandig und schwer, so dass der Inhalt lange heiß bleibt und man beide Hände an ihnen wärmen kann. Manchmal fliegt mein Herz einem besonderen Motiv zu: einem pausbackigen Kind, einer Dorfkirche, einer Kette vierblättriger Kleeblätter! Namen haben es mir besonders angetan. Wer mag wohl diese „Mitzi“ gewesen sein, der einst die kleine Tasse gehörte? Oder „Maria Schmolln“? Ich stelle mir vor, wie „Josef Schuh“ morgens sein Graubrot in den Milchkaffee stippte, und manchmal schicke ich den verblichenen, unbekannten Tassenbesitzern einen kleinen Gruß auf die Wolke hinauf, auf der sie heute sitzen. „Du bist nicht ganz und gar vergessen, Anna“, funke ich dann nach oben zu Frau Schmolln, „denn ich trinke heute meinen Kaffee aus deiner Tasse!“ Ich wähle die Tassen, woraus ich trinke, nach Stimmung aus. Manchmal nehme ich wochenlang immer dieselbe Tasse aus dem Schrank, während ich zu anderen Zeiten ständig wechsle. Mit Parfums mache ich es übrigens genauso. Keine Ahnung, warum das so ist. Ist ja auch egal. Hauptsache alle haben Spaß dabei: Mitzi und Joseph Schuh, Maria Schmolln und ich!

Mitzi
Heinrich.
Schuh

AVSLAPPNING!

Jedes Badezimmer kann schön sein. Jedes! Die Badezimmer ohne Fenster genauso wie die ohne Wanne und auch die bananenbreibeige gekachelten. Die verwinkelten und die klitzekleinen und selbst die, in denen viermal in der Woche die Waschmaschine rumpelt! Jedes Bad hat das Zeug zum Wellnesstempel, solange SIE drinstehen.

Die Waschmaschine kann hinter einem Paravent verschwinden, die düsteren Wände wellensittichblau gestrichen werden. Sie können die Wandfliesen entfernen oder durch schönere ersetzen und Ölschinken aufhängen, dort wo andere Leute ein Fenster haben. Alles schön, aber nicht gut, solange SIE nicht das Prunkstück Ihrer Badezimmereinrichtung sind. Sorgen Sie dafür, dass Ihre Gesichtsmuskeln entspannt sind, dann ist nämlich Ihr Spiegelbild das Hübscheste, was Ihr Bad zu bieten hat. Und damit das klappt, leihe ich Ihnen das Wort „Avslappning" so lange, bis Sie selbst ein besseres gefunden haben. „Avslappning" ist schwedisch und heißt Entspannung. Mir reicht schon das Wort, um mich besser zu fühlen. „Avslappning"! Sprechen Sie das Wort dreimal laut aus, und Ihre Mundwinkel werden sich unweigerlich nach oben begeben. Ich sammle solche Lach-Entspannungs-Wörter. Wenn ich müde und genervt bin, krame ich sie aus meinem Gedächtnis. Ich sage sie laut vor dem Spiegel, und schon entspannt sich mein Kiefer! Und kichern muss ich auch. Wenn Ihnen das Aussprechen der Wörter als Entspannungskick nicht reicht, dann schreiben Sie sie mit der Nase in die Luft. Funktioniert besonders gut gleich nach dem Duschen, wenn der Wasserdampf noch feuchtwarm durch den Raum wabert. Ihre Nacken- und Schultermuskeln lockern sich dann besonders gut, und das schenkt Ihnen eine schöne Körperhaltung. Glauben Sie nicht? Dann schauen Sie in den Spiegel! Je üppiger Sie schreiben, desto hübscher macht Sie das. Und je nach Tagesverfassung dürfen es auch ganze Sätze sein wie: „Rutscht mir doch alle den Buckel runter" oder „Morgen ist ein neuer Tag"! Wichtig ist, dass die Buchstaben schön groß sind und dass Sie langsam schreiben.

HELPER'S HIGH

Parkett verlegen im Kindergarten? Wände streichen bei der Schwiegermutter? Super! Ihr Einsatz wird mit reduzierten Blutzuckerwerten belohnt.

„Runner's high" war gestern. Sie wissen schon, das ist der Kick, den sich die Leute verpassen, indem sie sich die Seele aus dem Leib rennen. Nur um im Ziel vor lauter Glückshormonen zu grinsen wie ein Schokohase! Laut einer amerikanischen Studie ist der neue Wellness-Booster „helper's high". Es scheint erwiesen, dass sozialer Einsatz sogar Krankheiten vorbeugen kann. Der Grund sind die vermehrt ausgeschütteten Endorphine, weil der Mensch sich im Allgemeinen glücklich und zufrieden fühlt, wenn er anderen helfen kann. Der Kollegin beim Umzug helfen? Perfekt! Ihre beste Freundin will die Kommode ihrer Oma schäfchenweiß streichen. Fein! Erst recht, wenn Ihre Freundin im vierten Stock wohnt und die Kommode im Keller geparkt ist. Sie machen sich beide glücklich und senken dabei elegant Ihre Blutzuckerwerte. Knurren war gestern! Freuen Sie sich auf 92 Treppenstufen und auf Ihr Strahlen, wenn Sie mit der Kommode oben angekommen sind. Muss ja keiner wissen, dass Sie sich heimlich selbst etwas Gutes tun.

TIPP!

Eine Gruppe von Gefäßen, die sich ähnlich sehen, kann auf einfache Art ein wunderschönes Ensemble abgeben. Man braucht keine üppigen Sträuße. Ein Bouquet lässt sich aus mehreren kleinen Gefäßen viel schöner schaffen. Es reichen oft schon wenige Blüten für einen Anblick, der die kleinen Glücksmomente in Ihnen anklickt.

STIMMUNGSAUFHELLER

Schlechtes Wetter draußen? Zu nass und zu kalt für einen Spaziergang? Sie fühlen sich müde und schlapp? Was Sie brauchen, ist ein Frischekick! Und der geht so:

Eine ungespritzte Zitrone abschälen. Am besten mit dem Spargelschäler oder einem Zestenreißer. Damit wird die Schale am besten aufgeknackt und die Zitrusöle können ihr Werk ungebremst verrichten.
Die Zitronenschale in einen kleinen Kochtopf geben, Wasser drauf und sprudelnd aufkochen. Wenn sich der Gute-Laune-Duft im ganzen Zuhause verteilt hat, Temperatur reduzieren und das Zitronenwasser nur noch leise simmern lassen. Ihr Kopf wird frei, die Laune hebt sich und Ihr Zuhause riecht wie frisch geschrubbt!
Und was machen Sie mit der nackten Zitrone, die Sie nun traurig anschaut? Richtig! Sie eröffnen zuhause Ihre eigene Eisdiele. Und welches Eis macht am lustigsten? Auch richtig! Zitroneneis. Und zwar eines, das ganz ohne Eismaschine zartschmelzend auf Ihrer Zunge zergehen wird. Sie brauchen einen Mixer oder einen Smoothiemaker, also ein Gerät mit so viel Power, dass alles, was Sie ihm anbieten, kurz und klein püriert wird. Die nackte Zitrone in Stücke schneiden und im Mixer zerkleinern. 1:1 mit Wasser auffüllen, etwas Ahornsirup angießen oder – als Lightvariante – mit ein paar Spritzern flüssigem Süßstoff abschmecken. Die Masse in Eiswürfelschalen gießen und gefrieren lassen. Wenn alles fest ist, die Zitroneneiswürfel erneut in den Mixer geben und zu einer eisigen Masse zerhäckseln. Vor Ihnen liegt nun ein cremiges Sorbet. Je nach Geschmack können Sie etwas flüssige Sahne dazugeben oder Joghurt, und ratzfatz wird die cremige De-luxe-Variante daraus.

TIPP!

ZITRONE IM NEGLIGÉ

Zitronenkerne können nerven, wenn sie in die Teetasse purzeln oder beim Essen auf die Lachsfilets kullern. Wenn bei uns Zitronen auf den Tisch kommen, bekommen sie ein luftiges Negligé aus Verbandmull angezogen. Den gibt es quadratisch zugeschnitten in der Apotheke. Der Saft geht durch, die Kerne sind gefangen, und das Ganze sieht auch noch schick aus!

Eis

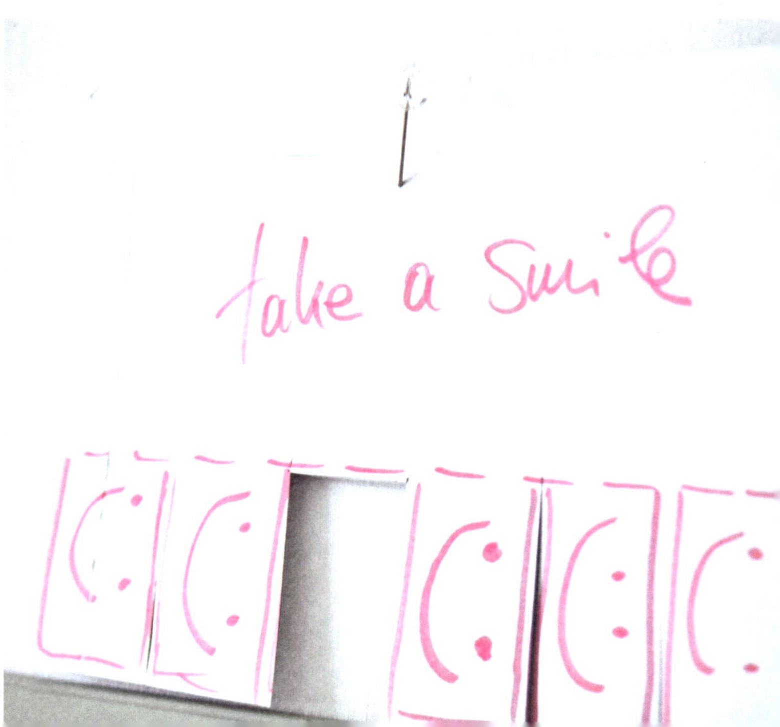
take a smile

EBAY-ROULETTE

Ebay ist wie hundert Flohmärkte auf einmal. Sie können Schnäppchen machen und sich gleichzeitig köstlich amüsieren. Aber Vorsicht: Sie werden auch Dinge entdecken, von denen Sie nie gedacht hätten, dass Sie sie dringend haben müssen. Klicken Sie mal durch die Rubrik Antiquitäten und Kunst. Gute Unterhaltung ist es allemal!

Sehr hilfreich ist es natürlich, wenn man ganz genau weiß, was man sucht, oder einen Tisch mit einem speziellen Maß braucht. Oft sind die Teile nicht teuer und man geht kaum ein Risiko ein, selbst wenn man die Bezahlung im Voraus erledigen muss. Ein bisschen komplizierter wird es, wenn man eine bestimmte Vorstellung im Kopf hat, aber nicht weiß, wie das Teil genannt wird, nach dem man sucht. Regal, Stuhl, Bett ist einfach. Gemütlicher Sessel geht auch noch, da kann man sich unter der Rubrik Sitzmöbel durch die Bilder klicken. Wenn man aber etwas im Kopf hat wie: „so ein Ding mit Sprossen, wo man runde Platten reinschieben kann“, wird es kompliziert. Das ist ein Bäckerregal, in dem früher Kuchen und Brote zum Auskühlen aufbewahrt wurden. Geniale Teile für die Einrichtung, aber wenn man die Bezeichnung nicht kennt, ist es fast unmöglich, so ein Stück zu finden.

„Glaskugeln, in denen man Blumen schwimmen lassen kann“, sind Blumenaquarien, und Kerzenhalter aus Glas, die wie Spiegel glänzen, findet man unter „Bauernsilber“. Manchmal hilft es, wenn man in der Suchleiste nur das Material eingibt. Der Begriff „Holz“ wird Ihnen allerdings wenig helfen, außer Sie haben mehrere Tage Zeit. „Pressglas“ oder „Leinen“ ist da schon erfolgversprechender. Man kann nach Farben suchen oder nach Berufen. Würden Sie zum Beispiel „Bäcker“ eingeben, stünden die Chancen nicht schlecht, dass Sie so ein tolles Bäckerregal finden, wie ich eines habe.

Oft suche ich gar nichts Bestimmtes, und dann spiele ich Ebay-Roulette! Ich klicke mich auf die Antiquitäten-und-Kunst-Seite und gebe zum Beispiel ein: „Alles im Umkreis von 20 Kilometern“ oder „Auktionen, die in Kürze enden“. Und dann schaue ich, was Ebay alles zum Vorschein bringt. Ganz toll funktionieren auch Stichworte wie „Maiglöckchen“. Da bekommen Sie dann vom Sofakissen bis zum Ölgemälde alles präsentiert, was mit diesen Blumen verziert ist. Legen Sie sich einen Notizblock neben den PC und klicken Sie langsam, damit die Ideen, mit denen Sie befeuert werden, genug Zeit haben, zu Ihnen vorzudringen.

ERWACHE UND LACHE!

Es gibt Telefonate, die sind von äußerster Wichtigkeit. Ihre volle Aufmerksamkeit ist gefragt, wenn ein Auftrag zu platzen droht oder endlich das ersehnte „Was kann ich für Sie tun?" aus dem Hörer tönt, nachdem Sie eine halbe Stunde in der Warteschlange Ihres Telefonproviders gehangen haben.

Als mein Sohn klein war, besaß ich für solche Momente einen Korb mit Katalogen. In der linken Hand den Hörer, legte ich mit der rechten zwei oder drei konfettibunte Kataloge vor ihm aus. Heimwerkerbedarf, Bademoden, Gourmetartikel, ganz egal! Seine Augen flitzten über die Seiten und er kicherte und juchzte vor Freude.
Heute ist mein Sohn ein Teenager und muss nicht mehr beschäftigt werden, wenn ich am Telefon festhänge. Aber es gibt immer noch ähnliche Situationen. Wenn zum Beispiel ein Besucher ins Haus kommt und ich ein Telefonat nicht sofort beenden kann. In solchen Fällen deute ich gestenreich an, dass in meinem Haus herumlaufen und gucken erlaubt ist. Und die Geräusche, die dann zu mir dringen, sind denen sehr ähnlich, die mein Sohn seinerzeit von sich gab. Kichern, Glucksen, manchmal lautes Lachen. Das mag daran liegen, dass ich „Eintopfbilder" sammle. Nicht was Sie denken. Auch wenn meine Liebe zu Suppenterrinen legendär ist, hier sind alte Ölbilder gemeint, auf denen Blumen in einem Topf – ganz selten auch ohne – zu sehen sind. Direkt vor dem Bild stelle ich die Szenerie mit echten Pflanzen nach. Das verwirrt und belustigt meine Gäste. Auf manchen Kissen stehen bei uns auch lustige Sprüche. Wer uns besucht, hat also immer was zu lesen. Altes Leinen mit gestickten Lebensweisheiten unserer Urgroßmütter. „Erwache und lache!" zum Beispiel. Ich finde das zum Kringeln, weil ich mir vorstelle, wie eine schlecht gelaunte Hausfrau diese drei Worte morgens um sechs durchs Haus brüllt.
Wenn mir danach ist, österliche Backförmchen im September in meine Küche zu hängen, dann tue ich das, und wenn ich mir einen Küchenschrank im Bad einbilde, dann stelle ich ihn dorthin.
Wohnen Sie, wie es Ihnen gefällt, und lassen Sie Ihr Gefühl das Einrichten besorgen! Ich versichere Ihnen, es gibt in Wahrheit weder Trendfarben noch Trendmöbel. Und Deko-Trends gibt es schon gar nicht. Keine Zimmerpflanzen, die „man jetzt hat", oder allgemeingültige Muster für die Sofakissen. Ich freu' mich, wenn ich sehe, dass Menschen „Wohnen" in ihrer eigenen Handschrift schreiben! Dann klatscht mein Herz in die Hände und meine Seele wippt mit den Füßen dazu.

154
CH
SSG
CHUR
154

Genügsamkeit

TIPPS!

KAFFEE IST EIN HAUSHALTSHELFER

Das Kaffeemehl, das nach dem Brühen übrig bleibt, nennt man bei uns im Ruhrgebiet „Prött". Und dieser Prött kann eine Menge nützlicher Dienste tun. Das gilt für alle Arten der Kaffeebereitung, auch für Prött aus Espressomaschinen und Automaten.

Einen **Schrank auf dem Flohmarkt gefunden,** der innen muffig riecht? Stellen Sie ein paar Tage eine Schale mit Kaffeeprött hinein und schließen Sie die Schranktüren.

Kratzer auf Möbeln? Mischen Sie einen Teelöffel Prött mit etwas Olivenöl. Die Paste mit einem Wattebausch oder -stäbchen in den Kratzer einreiben. Einwirken lassen und abwischen.

Kennen Sie den preiswertesten und besten **Hortensiendünger?** Für Rhododendren übrigens auch. Richtig! Kaffeeprött. Weil diese Pflanzen sauren Boden wollen. Streuen Sie großzügig Prött auf das Beet und schicken Sie mir ein Foto, wenn die Hortensien im nächsten Jahr „explodieren"!

Schnell noch ein **Schönheitstipp** gefällig? Mixen Sie Kaffeeprött mit Ihrem Duschgel. Hokuspokus wird daraus ein tolles Peeling, das obendrein gut gegen Cellulitis ist. Hat aber nur den gewünschten Effekt, wenn das Kaffeemehl nicht entcoffeiniert war.

FILTERKAFFEE

Espresso hin, Latte macchiato her! Ich trinke neuerdings wieder gern Filterkaffee. In erster Linie, weil der richtig lecker schmeckt, aber auch weil er mich zwingt, ihm beim Aufbrühen Gesellschaft zu leisten und abzuwarten.

Die Hand am Kessel, nachgießend und wartend. Es geht nicht schneller, wenn man am Filter ruckelt oder mit den Fingern trommelt. Und während sich das heiße Wasser durch das Kaffeemehl schleicht, kann man ganz wunderbare Sachen machen. Man kann dem Plätschern des Wassers lauschen, wenn es unten in der Kanne ankommt. Oder einfach seinen Gedanken nachhängen. 10 Minuten Auszeit! Diejenigen, die partout nicht stillstehen mögen, können Gewürze aussuchen, um die Kaffeewonne noch zu steigern. Zwei oder drei Prisen Kardamom zum Beispiel oder Zimt. Ich liebe es besonders, ein paar Stückchen aufgeschnittene Vanilleschote auf das Kaffeemehl zu legen und mit dem heißen Wasser zu überbrühen. Die Aromen sind nicht zu vergleichen mit den diversen Sirups, die in den letzten Jahren so modern geworden sind. Und ganz unbedingt gehört die Prise Salz auf das Kaffeemehl, bevor der erste Schuss heißen Wassers angegossen wird. Dann sollte der Inhalt im Filter einige Minuten aufquellen, bevor man mit dem Nachgießen weitermacht. Schließen Sie die Augen und atmen Sie tief ein ... So riecht zuhause!

EIN KARUSSELL FÜR DIE UNORDNUNG

Ordnung ist – neben Geduld – eine Tugend, die mir nicht in die Wiege gelegt worden ist. In den Schränken meines Kinderzimmers tobte das Chaos, und Schubladen ließen sich wegen allgemeiner Überfüllung nur schwer schließen. Äußerst selten betrat mein Vater das Zimmer, und dann auch nur, um stets kopfschüttelnd zu sagen: „Hier finden sieben Katzen keine Maus!"

Ich hoffte viele Jahre, dass seine Bemerkung endlich zu einer Katze für mich führen würde. Vergeblich! Es war ausschließlich eine Anspielung auf meinen mangelnden Ordnungssinn und nie als Ankündigung eines Katzengeschenks gedacht. Kaum hatte ich meinen ersten eigenen Haushalt und fühlte mich vor derlei Kommentaren sicher, da fingen die Wände an mit mir zu sprechen. „Du musst den Kleiderschrank aufräumen", riefen sie, wenn ich das Schlafzimmer betrat. „Hast du mal versucht, einen Spargelschäler in deinen Schubladen zu finden?", schallte es von den Küchenwänden.

Chaos-Schränke kosten Zeit. Zeit, die damit verplempert wird, nach Dingen zu suchen, die einen festen Platz verdient hätten. Aber das Schlimmste ist, dass sie uns ein schlechtes Gewissen machen. Keines, das kurz und heftig sticht, wenn man drei Rippen Schokolade gegessen hat. Das schlechte Gewissen, das zugemüllte Schubladen und vollgestopfte Regale auslösen, ist immer da. Du entwickelst Strategien darüber hinwegzuwohnen, aber das „Man-müsste-endlich-Gefühl" ist allgegenwärtig. Hätte ich nur früher geahnt, dass ein Utensil für wenige Euro die Wende in mein Leben bringen würde!

Neuerdings lasse ich die Unordnung in meinen Schränken Karussell fahren. Wie? Ich benutze Drehteller. Damit wird der Platz optimal genutzt, man behält den Überblick und hat so viel Spaß daran, den Kleinkram auf seinem Teller vorbeiflitzen zu sehen, dass sich die Ordnung fast von selbst einstellt. In Amerika heißen die Karussells „Lazy Susans". Man bekommt sie aber auch hier, in unterschiedlichen Größen für kleine und für große Schränke. Meine schönsten Drehteller sind vom Flohmarkt und aus Holz. Früher waren sie nämlich sehr beliebt als Karussells für Knabberzeug. Ich habe meine mit weißer Farbe aufgehübscht und finde sie sehr praktisch für meine Küchen- und Badezimmerschränke. Die schönsten Plastikversionen gibt es in den USA. Pastellig oder mit Blümchenmuster. Ich konnte ihnen nicht widerstehen und habe seitdem sogar einen aufgeräumten Kühlschrank.

TIPP!

Drehteller erleichtern das Leben auch beim Streichen. Sie beklecksen Ihre Hände viel weniger, weil Sie Ihre Werke von allen Seiten betrachten können, ohne den feuchten Lack anzufassen. Außerdem ersparen Sie sich, ständig um den Tisch herumzulaufen.

FACE
SVENSK SKÖNHET
CLINIQUE
clarifying lotion clarifiante 2
3,4 FL.OZ./100 ml ℮
AVEDA

TRADER JOE'S
ORGANIC
SUPER FRUIT
fruit spread
TRADER JOE'S
ORGANIC
RAW
BLUE AGAVE
SWEETENER
NET WT. 11.75 OZ

SONDEREINSÄTZE

Als mein Sohn noch klein war, wurden ständig bestimmte Dinge für den Kindergarten gesammelt. Klopapierrollen waren besonders beliebt. Alle paar Wochen lieferte ich eine Plastiktüte voll davon bei den Kindergärtnerinnen ab und mindestens eine Rolle bekam ich alljährlich zum Muttertag zurück. Bunt bemalt und von meinem Sohn in einen niedlichen Förster oder Feuerwehrmann verwandelt.

Kerzenstummel waren auch beliebt. Daraus gossen die Kinder bunte Weihnachtskerzen. Eines Tages, mein Sohn war inzwischen auf dem Gymnasium, räumte ich unseren Keller auf und sah mich mit diversen Tüten voller Klopapierhülsen und Kerzenstummeln konfrontiert. Ich hatte irgendwie den Absprung verpasst und nie damit aufgehört zu sammeln. Es traf sich, dass gerade Winter war, denn so kam ich auf eine zündende Idee: Ich nahm ein paar Kerzenstummel, knüllte sie in Zeitungspapier und stopfte das Ganze in eine der Papprollen. Fertig waren die Kaminanzünder der Extraklasse. Probieren Sie es aus. Es gibt keine besseren.

Noch mehr Sondereinsatzgebiete für leere Klopapierrollen gefällig?
Wenn man sie der Länge nach aufschneidet, kann man sie nutzen, um Tapeten- oder Geschenkpapierrollen davon abzuhalten, sich heimlich zu entrollen.

Klorollen gegen Kabelsalat.
Man nehme eine Kiste – ein Schuhkarton geht auch – und fülle sie mit den Papprollen dicht an dicht. In jeder Hülle finden Kabel und Adapter eine feste Adresse, die sonst in Ihrem Haus herumirrlichtern. Bei der De-luxe-Fassung hängen oben noch Zettelchen dran für die perfekte Zuordnung.

EIN ALTES HAUSHALTSBUCH

Haushaltsbücher und deren Sinn habe ich nie erkannt. Kassenzettel aus reinen Dokumentationszwecken zu sammeln und Zahlenkolonnen aufzureihen halte ich für verlorene Zeit. Wer das Geld aus dem Fenster streut, dem hilft es doch nicht, wenn er sein Elend auch noch aufschreibt, oder?

Alte Haushaltsbücher, die ich auf dem Flohmarkt finde, nehme ich aber fast immer mit. Sobald ich nämlich lese, mit welcher Akribie die Hausfrauen früherer Jahre jedes Gramm Zucker dokumentieren mussten, umarme ich die Zeit, in der ich lebe, weil sie mir erlaubt, sogar den Erwerb einer doppeltürigen Kühl-Gefrierkombination selbst zu verantworten. Ich kann mir nicht vorstellen, Zahlenkolonnen zu addieren und Kassenzettel aufzukleben, aber ich mag es, mein Geld mit Bedacht auszugeben. Und das Beste: Sparen heißt oft gleichzeitig auf die Umwelt zu achten und sorgsam mit Lebensmitteln umzugehen. Hier sind zwei meiner liebsten Spartipps.

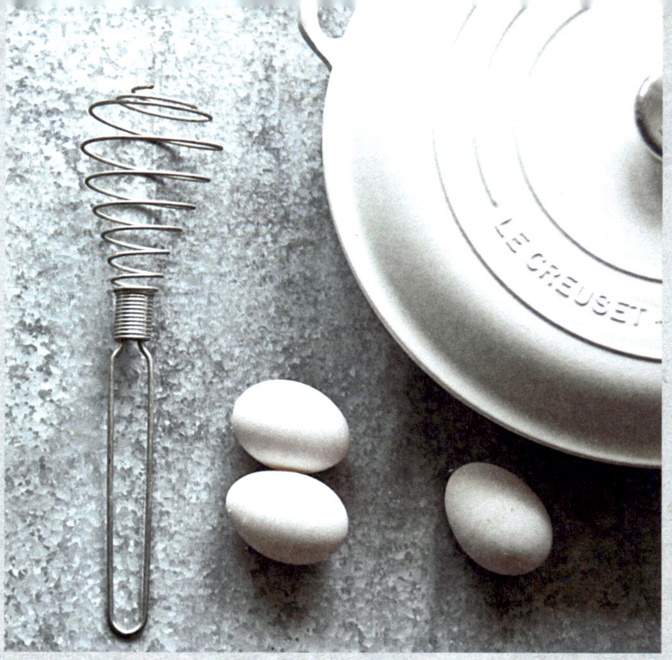

TIPPS!

ENERGIE SPAREN

Es ist eine gute Sache, wenn man nicht jedes benutzte Geschirrteil in die Spülmaschine packt. Oft macht man das nur, damit die Küche aufgeräumt ist, stimmt's? Ich spüle immer öfter die Sachen mit der Hand ab, die nicht ölig oder verkrustet sind. Werden Sie kreativ. Es ist so einfach, eine Spülstation zu gestalten, die obendrein eine Zierde für die Küche ist und eine perfekte Ablage für frisch gewaschenes Gemüse obendrein.

RESTE DE LUXE

Wenn die Schale von Bananen schokoladenbraun ist und die Fruchtfliegen mit fettem Grinsen darüber kreisen, dann ist es Zeit „Bye bye, banana!" zu sagen. Der letzte Weg der krummen Früchte führt aber nicht – wie Sie vielleicht dachten – in den Bio-Müll, sondern in die Pfanne. Machen Sie aus den Matschbananen das neue Lieblingsessen Ihrer Kinder.
Sie brauchen: 2 überreife Bananen, 3 Eier, Zimt nach Geschmack, 1 Teelöffel Backpulver und 4 gut gehäufte Esslöffel gemahlene Mandeln.
Die Bananen fein zerdrücken. Eier in einer Schüssel mit dem Schneebesen verquirlen. Bananenbrei dazugeben und gut verrühren. Mandelmehl löffelweise dazu, dann Zimt und Backpulver. Fertig. Eine Pfanne mit Butter ausreiben und nicht zu heiß werden lassen. Kleine Teigkleckse hineingeben – zu große Exemplare lassen sich nur schwer wenden – und die Küchlein langsam bei mittlerer Hitze aufgehen lassen. Die Pancakes sollten nicht zu dunkel werden, dann schmecken sie leicht bitter. Extratipp: Funktioniert auch im gefetteten Waffeleisen.

SUCHMASCHINEN SELBST GEMACHT

Was schmiegt sich an Kühlschranktüren hinter lustigen Magneten? Richtig! Alles das, was nicht vergessen werden soll, aber auf die Schnelle keine Ablage findet. Der Garantieschein für den elektrischen Milchaufschäumer, Sprechzeiten der Lehrer sämtlicher Kinder, Marmeladenrezepte und illustrierte Bauch-Beine-Po-Übungen. Sätze, die unser Herz berühren, und ein Foto, auf dem Robert Redford noch zum Dahinschmelzen schön war.

Ich wäre verloren ohne meine Gedächtnisstützen. Sie sind mir Haushaltshilfe und Motivationstrainer. Unser Kühlschrank zuhause ist ziemlich groß, aber meine Zettelflut hat selbst diesen gutgebauten Zweitürer überfordert. Also suchte ich nach anderen Dingen im Haus, die noch eine Hand frei haben, um uns als Memoboards zu dienen. Meine Notizen klemmen nun zusätzlich an Waschbrettern, baumeln von Frühstücks- und Schlüsselbrettchen und an Keksdosen. An meinem Kühlschrank macht ein riesiger Magnet meine vorbereitende Buchhaltung, ein anderer die Reiseplanung. Zusammen mit den drei riesengroßen Pinnwänden in meinem Arbeitszimmer ersetzen sie eine Sekretärin mit Halbtagsstelle.

Auf meinen Pinnwänden entstehen sogar meine Bücher. Ich notiere nämlich alles, was mir täglich beim Wohnen auffällt. Die Memos werden festgepinnt, und sobald der Verlag anfängt zu drängeln, ordne ich die Zettel und fange an zu schreiben. Dann mache ich mit meiner Freundin Sonia die Fotos zu den Geschichten und fertig ist das Buch. Neuerdings sammle ich sogar alte Hutnadeln, weil sie so schön aussehen, wenn sie in den Pinnwänden die Zettel verwalten. Neulich fiel mir nicht mehr ein, wo ich diesen herrlichen Lachs mit Sesamkruste gegessen hatte … Meine Pinnwand im Flur wusste es! Sie hatte monatelang eine Visitenkarte des Restaurants für mich aufbewahrt. Da können mir doch google und yahoo den Buckel runterrutschen. Auf die Suchmaschinen in meinem Haus ist sogar stromlos Verlass. Auf geht's! Bauen Sie sich Ihre Suchmaschinen selbst. Individuell, energieeffizient, und sie scannen garantiert nicht heimlich Ihr Gesicht ab, wenn Sie nach etwas suchen.

du
bist
mein
leben
mit
sonne
immer
spiel
super
der
glück
?
gratis
nach
dein
en
die
hat
„Die Fantasie ist ein ewiger Frühling“
Friedrich Schiller

Marzipantörtchen

Mein liebstes Zimmer
Kindheit
Ideenreich
Mut zum Glücklichsein

TIPP!

Eine meiner liebsten Farben ist Tafelfarbe. Es gibt sie in vielen Tönen, die sogar untereinander mischbar sind. Dinge, die damit angestrichen wurden, sehen aus wie sehr matt lackiert.
Der Clou: Mit Schultafelkreide kann man immer wieder neu beschriften. Besonders gern lackiere ich Kisten mit Deckel, weil ich dann oben drauf schreiben kann, was innen drin ist.

MACKENBESEITIGER AUS DER KOSMETIK-ABTEILUNG

Wer seine Möbel gern mit Lackfarbe verschönt, hat von Zeit zu Zeit kleine Macken auszubessern. Meist ist aber genau dann, wenn man sie braucht, die Farbe vertrocknet oder die ganze Dose unauffindbar.

Ärgern Sie sich nicht. Sehen Sie es als willkommene Gelegenheit, mal wieder ausgiebig in Ihrem Lieblingsdrogeriemarkt zu stöbern. Nagellacke sind keine kostspielige Anschaffung mehr, sondern ein preiswerter Modespaß. Es gibt kaum einen Farbton, der nicht in den kleinen praktischen Fläschchen zu haben ist. Und das Beste: Der Pinsel wird gleich mitgeliefert. Ab sofort hat Ihr Nagellack einen Nebenjob als Mackenbeseitiger an Möbeln und Co. Weißer Nagellack gehört in jeden Haushalt, um Abplatzer am Kühlschrank oder Herd zu retuschieren. Sogar an der Badewanne habe ich den Trick schon erfolgreich angewendet. Ist nicht überaus haltbar, aber man kann ja immer wieder mal nachtupfen. Hellblaue Eckbank? Mintgrüne Stühle? Bewaffnen Sie sich mit den passenden Farben aus dem Nagellackregal. Weißer Nagellack sieht übrigens an sommerbraunen Händen unschlagbar schön aus, und hellblau steht nicht nur Ihrer Eckbank, sondern auch Ihren Füßen.

MIXEN MACHT SPASS UND SAUBER

Bei manchen wohnen die Putzmittel in der Küche, bei anderen im Bad. Ich schätze, dass maximal die Hälfte der bunten Behälter, die sich bei Ihnen zuhause breit machen, wirklich nötig ist. Vermutlich fallen Ihnen höchstens drei Flaschen ein, die Sie regelmäßig in der Hand haben. Richtig?

Sie wollen natürlich gerüstet sein, wenn Sie sich eines Tages doch noch spontan entschließen, den Schlafzimmerteppich zu shamponieren. Aber wie oft haben Sie das bisher getan? Oder ist Ihre Putzmittel-Sammelwut das Ergebnis von zu viel Werbefernsehen? Wer möchte nicht „mit einem Wisch alles weg" machen wie die durchgestylten Mädels aus den Spots? Ich stelle mich inzwischen der Tatsache, dass putzen anstrengend ist und nur die wenigsten dabei gut aussehen.
Eines Tages dachte ich, wenn schon die Putzerei keinen Spaß macht, dann könnten mich doch wenigstens die Putzmittel mit Freude erfüllen ... Und soll ich Ihnen was sagen? Bei mir funktioniert das! Ich mixe mir meine Putzkolonne nämlich neuerdings selbst. Und das ist toll. Ich besitze nur noch wenige Mittel, aber die sind höchst individuell beduftet, siegreich gegen Schmutz und gegen Platzmangel! Meine Favoriten sind der Sprühreiniger gegen fettige Oberflächen und innere Ermüdung und mein Allzweckreiniger, der wie Limonade riecht. Sie brauchen nicht viel, ein paar festschließende hohe Konservengläser, weißen Haushaltsessig, neutralen Haushaltsreiniger oder flüssige Schmierseife und Kräuter oder Zitrusfrüchte. Den Traditionalisten empfehle ich Lavendel. Der passt auch wunderbar.

Sprühreiniger mit Rosmarin
Frische Rosmarinstängel grob zerhacken und zwei Hände voll in ein großes Konservenglas füllen. Essig angießen, bis der Rosmarin gut bedeckt ist. Das Glas fest verschließen und zwei Wochen stehen lassen. Zwischendurch schütteln. Abseihen und die Flüssigkeit eins zu eins mit Wasser mischen. In eine Sprühflasche geben. Fertig. Der Reiniger ist wunderbar für Küche und Bad. Sein Rosmarinduft belebt und er löst fabelhaft Fett. Aber bitte nicht auf empfindlichen Oberflächen benutzen. Auf die gleiche Weise können Sie Reiniger mit Lavendelblüten, Salbei oder Schalen von (Bio)Zitrusfrüchten herstellen.

Allzweckreiniger à l'Orange
Schälen Sie Orangen mit dem Spargelschäler oder Zestenreißer ab. Die Schalen in ein hohes Konservenglas geben und mit neutralem Haushaltsreiniger aufgießen. Ich mag am liebsten flüssige Schmierseife. Die Mixtur zwei Wochen stehen lassen. Das Glas zwischendurch schütteln. Die flüssige Seife abgießen. In eine Flasche umfüllen und als Allzweckreiniger benutzen.
Ich finde Mischungen aus Kräutern und Zitrusfrüchten besonders toll. Rosmarin mit Grapefruit ist wunderbar oder auch Lavendel mit Zitrone.

FACE
FACE

BAD MEMORIES WILL PLAY THE MOST OFTEN, BUT JUST BECAUSE THE MEMORY COMES UP DOESN'T MEAN YOU HAVE TO WATCH IT. CHANGE THE CHANNEL
-JOEL OSTEEN
An apology means nothing if they don't stop doing what they are apologizing for.
Believe ACTION, not words
-mandy hale
WWW.LIVELIFEHAPPY.COM

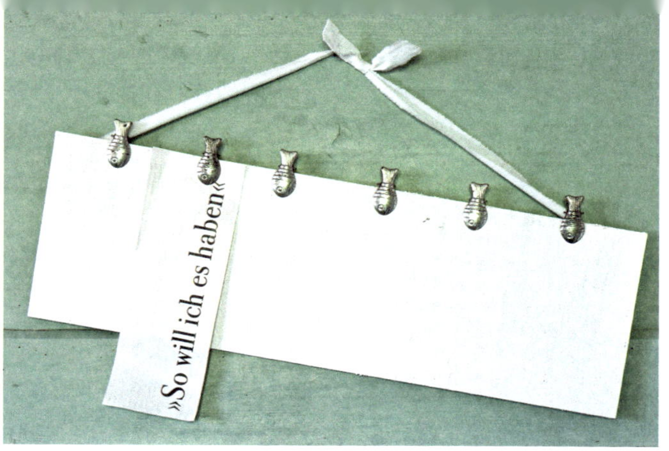

WIE SCHMIEDET MAN GLÜCK?

Den Spruch kennt jeder, aber der Beruf des Schmieds ist fast ausgestorben. Es scheint ratsam, der Frage nachzugehen, wie Glück denn herzustellen ist, bevor es keine Schmiede mehr gibt, die die Antwort wissen.

Es wird Sie vielleicht überraschen, aber ich verbringe meine Tage nicht damit, fortwährend vor Glück zu glucksen. Ich war schon mal so verzweifelt, dass mir diese Portion Unglück für ein ganzes Leben ausreichend erschien. Was ist es aber, das uns solche Untiefen überstehen lässt? Was hilft uns, mit heiler Haut aus diesen Monsterwellen aufzutauchen? Da wir uns nun schon so lange kennen, verrate ich Ihnen die Rezepte, die mir dabei helfen, dass mir die Freude am Leben nicht abhanden kommt. Ganz persönlich und sehr subjektiv. Vielleicht sind ein paar Rezepte dabei, die auch zu Ihnen passen.

Ich habe akzeptiert, dass es kein Glück am Stück gibt, sondern nur **Glücksmomente**. Und wer stets erwartet, das Glück solle wie ein 40-Tonner auf ihn zufahren, der ist blind für die süßen Gänsehautmomente und kommt – wenn er Pech hat – unter die Räder!

Ich habe gelernt, Antennen aufzustellen für die **Chancen, die mir das Leben bietet.** Klappt nicht immer, aber immer öfter ...

Ich höre nicht mehr auf fiese Flüsterer, die mir lange Zeit das Leben schwer gemacht haben. Mindfucking heißt das neuerdings. „Du verdienst es nicht besser!" oder: „Das bist du nicht wert!" Auch schon mal gehört? Glaubenssätze aus der Kindheit, die uns schlechtmachen wollen. Weg damit!

Ich muss **nicht nach außen demonstrieren,** dass ich glücklich bin. Das kostet Kraft, die besser zu nutzen ist. Ich demonstriere mein Glück lieber nach innen. Da kommt es ohne Umwege direkt bei mir an.

Ich **lasse meine Kreativität von der Kette,** wann immer es geht. Kaufe Dinge auf Flohmärkten, die mir zuzuzwinkern scheinen, und erwecke die Stücke zu einem neuen Leben, das mich und mein Zuhause erfreut.

Ich kaufe mir lieber eine Stehlampe als ein neues Paar Stiefel. Die **Harmonie in meinem Zuhause** „beduftet" mich mit Glücksmomenten. Und das täglich unglaubliche 24 Stunden lang. Probieren Sie es aus. Ihr Zuhause ist der beste Seelenwärmer.

ENTSPANN
DICH MAL!

Genüsslichkeit

Zuhause ist viel mehr als ein Ort

De-luxe-Gefühle

Lavendel ist schön altmodisch

Weil Sie es sich wert sind!

Richtig ist, was sich richtig anfühlt

Schön gewürzt

Ein toller Wechselkurs!

Kennen Sie „Fatsch"?

ZUHAUSE IST VIEL MEHR ALS EIN ORT

Zuhause beginnt für mich samstagabends mit der Dämmerung und dauert bis ungefähr 13 Uhr am nächsten Tag. Mit einem Glas Wein in der Hand stehe ich barfuß auf den Holzplanken meiner Terrasse und beobachte, wie das Landkartengrün vom Salbei mit einbrechender Dunkelheit zu einem Schiefergrüngrau wird.

Es ist herrlich, die Augen zu schließen und zu hören, wie es auf den Straßen ruhig wird und Frieden sich einstellt. Irgendwann ist es dunkel und ich verlasse den Garten. Es riecht gut im Haus und ist warm. Ich zünde Kerzen an und freue mich, dass der Kühlschrank so viele leckere Sachen bereithält. Wenn alle heimgekommen sind, schließe ich die Türen. Ein herrliches Gefühl. Alle, die ich liebe, sind sicher zuhause. Der Kater ist meist der letzte. Er hört das Geräusch, wenn die Rollos langsam nach unten fahren, und schiebt sich ins Haus, bevor alles verriegelt ist. Wenn sich all das schon anfühlt wie ein grandioses Tortenstück, dann ist das, was folgt, die Extraportion Sahne! Ins Bett gehen mit dem Gefühl, dass am folgenden Tag Sonntag ist. Irgendwer sollte mal zehn Sonntage am Stück für alle einführen. Denkbar wäre auch, alle Feiertage zu einer großen Erholungsinsel im Kalender zusammenzufassen. Alle Ämter und Geschäfte wären geschlossen. Es gäbe nichts, was man erledigen könnte. Paradiesisch!
Sonntag! Wie das Wort auf der Zunge zergeht. Sonntagmorgens wach werden und sich in dem Gefühl räkeln, dass es der Tag ist, an dem keiner von mir was wollen kann und ich nichts können muss. Sonntags gönne ich mir Schokolade schon am frühen Morgen, dazu Kaffee. Ich öffne alle Fenster meines Schlafzimmers und gehe zurück ins Bett. Throne in meinen Kissenbergen, das Betttablett mit Laptop und Lieblingsbüchern auf den Knien. Wenn mich niemand stört, schlafe ich manchmal wieder ein, und dann werde ich irgendwann wach, weil es so still ist. Nichts dringt durch die offenen Fenster. Sollte mir jemals mein Kalender abhanden kommen – ich wette, dass ich hören könnte, ob draußen Sonntag ist.
Ich mag Sonntagsgeräusche und Sonntagsgerüche. Gegen halb zwölf fliegen die ersten Bratenduftwölkchen durchs Fenster herein und setzen sich zu mir auf die Bettkante. Ich mag gar keinen Braten, aber ich mag den Duft. Und wenn ich mich dann endgültig aus dem Bett erhebe und gegen ein Uhr in der Badewanne mit Buttercroissant und Milchkaffee gefrühstückt habe, dann bin ich aufgetankt. Angefüllt mit reinem, puren Zuhause-Gefühl.
Es gibt noch ein anderes Wort dafür: Dankbarkeit!

DE-LUXE-GEFÜHLE

Ich mag die Formulierung „de luxe"! Obwohl man mir eine ordentliche Portion Bodenhaftung nicht absprechen wird, kann ich „de luxe" ganz wunderbar genießen. Ich esse zum Beispiel sehr gerne „De-luxe"-Schokolade und ich sitze gern „de luxe" in meiner Badewanne.

Am allerliebsten aber schnüffle ich „de luxe". In meinem Zuhause muss es gut riechen. Und sobald die Nase im Spiel ist, gibt es für mich nur zwei Möglichkeiten: Entweder die Riechstoffe, die man aus der Flasche lässt, sind selbst gemacht, oder man ist bereit, tiefer ins Portemonnaie zu greifen. Ätherische Öle sollten „naturrein" sein und nicht „naturidentisch". Duftdiffuser sollten von Herstellern stammen, denen man vertrauen kann. Leider gibt es da nichts zu diskutieren: Seriöse Hersteller benutzen in der Regel gute Zutaten, und gute Zutaten sind Ihrer Gesundheit zuträglicher als die billigen. Bei Raumdüften ist es wie mit dem Pony in der Lasagne. Wenn etwas zu Spottpreisen angeboten wird, sollten Sie wachsam sein. Versprechen Sie mir, dass Sie Duftöle und -diffuser, die für ein paar Cent angeboten werden, im Supermarktregal und nicht in die Nähe Ihrer Nase lassen.

TIPP!

NASENSCHMEICHLER MIT STIEL

10 Tropfen ätherisches Öl
1 Eierbecher Wodka
2 Eierbecher Wasser
eventuell 1 Teelöffel Honig

Die Dosierung des Öls kann je nach Duftempfinden variieren. Wasser leicht erwärmen, dann verbindet sich der Honig besser. Wodka und Öl dazu, umrühren. Fertig. Sie können auch verschiedene ätherische Öle mischen und den Honig weglassen. Er dient nur als Emulgator, damit sich Wasser und Öl verbinden.
Ich mag aber auch die leichte Honignote. Die Mischung in ein Gefäß geben und Holzstäbchen hineinstellen. Die Stäbchen eines fertig gekauften Produkts können weiter benutzt werden. Schaschlikspieße sind auch gut, aber besonders schön sind getrocknete Stängel vom Lavendelstrauch.

LAVENDEL IST SCHÖN ALTMODISCH

Einer der besten Düfte für zuhause ist und bleibt der Lavendel. Ein Duft, der das Gefühl von frisch gewaschener Wäsche vermittelt. Altmodisch und ehrlich. Nutzen Sie vom Lavendel alles, was Sie kriegen können. Sogar aus den trockenen Stängeln lässt sich ja bekanntlich was machen!
Benutzen Sie aber nur Pflanzen, die Sie „persönlich kennen". Keine getrockneten „Duftmischungen" oder Lavendelpflanzen, die eigentlich Zierpflanzen sind. Kaufen Sie in guten Gärtnereien, dann können Sie nichts falsch machen. Manche Töpfe tragen sogar ein Schildchen „zum Verzehr geeignet"!

LAVENDELSIRUP!

1 Kilo Zucker und 1 Liter Wasser zusammen erwärmen, bis die Flüssigkeit klar ist. Nicht aufkochen. Abkühlen lassen und 1 Esslöffel Zitronensäure einstreuen, gut umrühren und lauwarm über die frischen Lavendelblüten gießen. Die Menge an Blüten bestimmen Sie selbst. Zwei Hände voll auf 1 Kilo Zucker sollten aber reichen. Das Ganze 48 Stunden stehen lassen. In einen sauberen Topf abseihen und aufkochen. Sehr heiß in blitzsaubere Flaschen mit Twist-off-Verschluss füllen und gut zudrehen. Der Sirup ist – je nachdem in welchem Stadium Sie die Blüten geerntet haben – zart lila bis leicht bräunlich. Aus Gründen der Optik können Sie eine winzige Prise (!) blaue Lebensmittelfarbe vor dem letzten Aufkochen einrühren. Achtung Suchtgefahr! Sehr lecker zu Vanillepudding, zu Eiscreme oder in Mineralwasser und Prosecco.

DUFTBEUTEL AUS KAFFEEFILTERN

Aus den Filtern, für große Kaffeemaschinen lässt sich unglaublich viel machen. Zum Beispiel Duftbeutelchen! Filterpapier nehmen, Lavendel in der Mitte aufhäufeln, zusammendrehen, Bändchen drum. Fertig! Alles muss gut trocken sein und man kann auch ein paar kleingeschnittene Stängel dazumischen, die duften ebenfalls. Auch herrlich mit Rosmarin oder Kamillenblüten.
Wer es verpasst hat, die Blüten zur rechten Zeit zu sammeln, der legt bis zur nächsten Saison ein paar Stücke Lavendelseife in den Kleiderschrank und macht sich ein Memo in den Kalender für den nächsten Sommer.

Lavendel Sirup.

hyolsalbe 10%
Zinksalbe
Borsalbe
EIGHT & BOB
bertransalbe
graue Salbe
rote Lexersalbe
Jchthyolsalbe

WEIL SIE ES SICH WERT SIND!

Edle Duftkerzen sind mein ein und alles. Ich stehe felsenfest zu dieser Leidenschaft und lasse die Spaßbremsen reden: „Mädchenkram, ich dachte das hat man mit 20 hinter sich!“ Und die Sparfüchse auch: „... dann kannst du dein Geld auch gleich verbrennen!“

Ich liebe Duftkerzen! Und damit meine ich keine Zimtapfelnelkewinterwonnen-Ungeheuer, die mich ketchup-rot aus ihren Gläsern angrinsen. Ich spreche ausschließlich von solchen Exemplaren, die elegant und zurückhaltend ein paar Duftmolekülchen in mein Haus verströmen. Ich habe ja schon häufiger beschrieben, mit welcher Freude ich Düfte für mein Zuhause selbst herstelle. Das wird auch so bleiben, aber manchmal brauche ich eine richtig edle Duftkerze. Es ist nicht nur der Duft, der eine Rolle spielt, es ist das Gesamtpaket.

Dort wo ich herkomme, hat das Wort Luxus einen zweifelhaften Ruf. Alles, was über ein bescheidenes Leben hinausging, wurde naserümpfend beäugt. Dem Himmel sei gedankt für meine Oma und ihre klugen Sprüche. „Man muss sich auch was gönnen können!“ war einer davon, und der trieb mich geradewegs in die Arme meiner ersten Duftkerze.

Es war gegen Ende meines Studiums, meine Prüfungen standen an und ich fühlte mich ängstlich und schwach. Ich war ständig knapp bei Kasse, und es tat fast körperlich weh, als ich das Geld herausholte, um das wunderschöne Kerzenglas zu bezahlen. Wenn ich die Nase ganz nah an die Verpackung hielt, konnte ich den Duft durch die Pappe riechen. Eine edle Kerze eines namhaften Herstellers und im Verhältnis zu meinen Einkünften unanständig teuer. Ich fuhr mit meinem Schatz in der Straßenbahn nach Hause. Man hatte die unglaublich aufwendig verpackte Kerze obendrein in einer unglaublich aufwendigen Papiertüte versenkt, und ich meinte den Duft durch die luxuriösen Papierschichten riechen zu können. Mit einer gewissen Andacht zündete ich zuhause meine Kerzen an. Jeder Dufthauch, der in meine Nase drang, bescherte mir das Gefühl, dass ich mir selbst offenbar etwas Kostbares sein müsse. Und plötzlich begriff ich die Bedeutung eines Satzes, den man in alten Texten findet: „... und sie ward ihm lieb und teuer!“ Und genau das wollte ich! Ich wollte mir lieb und teuer sein. Denn wenn wir uns nicht selbst für etwas Wertvolles halten, können wir lange warten, bis es einer tut.

Meine erste teure Duftkerze hat mir lange Zeit die Seele gestreichelt. Sie stand stets auf meinem Schreibtisch, und wenn mich Zweifel beschlichen, ob ich tatsächlich zu den Kostbarkeiten im unendlichen Universum zählte, zündete ich sie an. Sobald sich der Duft im Raum verteilte, waren meine Zweifel dahin. Ich musste ja etwas Besonderes sein! Würde ich sonst eine so sündhaft teure Kerze zu meinem ausschließlichen Vergnügen abbrennen? Probieren Sie es selbst aus. Ich verspreche Ihnen, es wirkt! Aber nur, wenn Sie nicht knausern, sondern klotzen! Wichtig: Sie dürfen sich die Kerze nicht schenken lassen. Sie müssen sie selber kaufen. Warum? Weil Sie es sich wert sind.

RICHTIG IST, WAS SICH RICHTIG ANFÜHLT

Es gab Zeiten, da hieß es grün und blau passen nicht zusammen. (Quatsch!) Und rosa und orange auch nicht! (Dummes Zeug!) Und dass unter jede anständige Kaffeetasse ein Unterteller gehört ... Ist mir alles schnuppe!

Ich trinke ausschließlich aus Tassen, die mir gefallen. Manchmal haben die nicht mal einen Henkel, aber das Bild vorne drauf berührt mich. Ich gebe zu, ich bin stur. Auch bei der Auswahl meiner Lebensmittel. Ich bin weder Vegetarier noch Veganer, bin kein Müsliapostel und kein Rohkostfanatiker. Wenn es ein Wort gäbe für meine Art der Ernährung, dann würde es wahrscheinlich heißen „Ich-esse-nichts-was-vier-Beine-hat-und-mich-traurig-angucken-kann-und-dazu-am-liebsten-Milchprodukte-und-Gemüse". Aber erklär das mal jemandem!
Ich esse einfach, was mir schmeckt! Und wenn mein Sohn ein Steak will, dann kriegt er das. Auf den Punkt gebraten und ohne missionarische Sprüche meinerseits. Ich habe an Diskussionen teilgenommen, in denen es darum ging, welche Tellerwölbung und Serviertemperatur unumgänglich seien, um das Aroma bestimmter Speisen zu unterstreichen. Tut mir leid, da steige ich aus. Aber bin ich deshalb ein Genuss-Banause? Ist mein gedeckter Tisch deshalb nicht vorzeigbar?
Bei uns müssen Tomaten Zimmertemperatur haben, wenn sie in den Salat kommen. Käse auch. Schwarzer Tee muss richtig heiß sein. Badewasser übrigens auch. Weißwein muss richtig kalt sein. Cola light auch. Frühstückseier müssen richtig durch sein, Putenschnitzel auch. Rotkohl muss mit Zwiebeln und Äpfeln so lange gekocht werden, bis er matschig ist. Ist mir piepegal, ob die Gourmets mangelnde Bissfestigkeit beklagen. Mein Rotkohl schmeckt allen! Auch Rosenkohl wird bei uns matschig gekocht und Honig muss drauf. Und wissen Sie was? Manchmal gibt es bei uns sogar Fastfood! Pommes sind lecker, da sind wir uns einig. Aber ich mache mir einen Spaß daraus, sie auf meine Art zu servieren! Richtig ist doch das, was sich richtig anfühlt!

COLORFARBE
PRO TAFELFARBE
SCHATTENROSA
250 ml
COLORFARBE
PRO TAFELFARBE
LAUBLAU
250 ml

SCHÖN GEWÜRZT

Wenn Ihre Küche so viel Platz bietet, dass Sie Ihre Gewürze griffbereit aufstellen können, dann ist das schön fürs Auge und ein echter Gewinn für Ihre Gesundheit.

Geben Sie den kleinen Würzwundern hübsche Behälter, dann sieht das Ganze auch noch schön aus. Und lassen Sie sich nicht irritieren: Auf vielen Packungen steht „trocken und dunkel aufbewahren". Klingt wie eine Drohung, ist aber keine für Sie. Oder wollen Sie Ihre Gewürze bis 2050 luftdicht hegen und pflegen? Pfeifen Sie auf solche Hinweise. Gehen Sie dafür mit Ihren Gewürzen lieber üppig um. Trauen Sie sich ran an Chili und Pfeffer in allen Farben, denn scharfes Essen ist gut für Ihren Stoffwechsel. Lernen Sie die Vorzüge von Curry und seinem Hauptbestandteil Kurkuma schätzen. Und weil Kurkuma bei Licht tatsächlich recht schnell an Farbe und Aroma verliert, sind Sie gezwungen, damit zu prassen. Richtig so! Denn Kurkuma stärkt erwiesenermaßen Ihr Herz. Ein Löffelchen pro Tag soll genauso gesund sein wie eine Runde Joggen. Nur mit Salz sollten Sie ein bisschen knausern, aber das kann ja auch nicht ausbleichen ...
Falls Sie Ihre Gewürze in einer Schublade aufbewahren, dann ist es praktisch, die Deckel zu beschriften, denn man schaut stets von oben auf die Gläschen und Töpfchen. Ich fülle meine Gewürze gerne in Behälter, deren Deckel ich mit Tafelfarbe gestrichen habe. So kann ich nach Bedarf mit Kreide neu beschriften und bin immer genau im Bild.

EIN TOLLER WECHSELKURS!

Donnerstagabend in Deutschland. Jeder andere Wochentag geht auch. Zeit fürs Abendessen. Schnell eine Suppe. Aus der Dose, oder Reste vom Vortag. Schnell hinsetzen, Teller raus und löffeln. Stopp!

Alles noch einmal auf Anfang: Donnerstagabend in Deutschland. Sie machen sich ein Süppchen warm. Sie füllen die Suppe in eine Terrine, die Sie vorher mit heißem Wasser gewärmt haben. Ein großer Schöpflöffel dazu und dicke Brotscheiben auf einem Holzbrett. Die Butter zum Brot bietet sich nicht in ihrer verbeulten Verpackung an, sondern glatt und schön auf einem Teller.

Ihr einfaches Donnerstagabend-Suppenmahl ist zu einem Augenschmaus geworden, und die fünf Minuten, die Sie zusätzlich investiert haben, um Holzbrett und Terrine herzurichten, bekommen Sie vergoldet zurück. Ihre Küche wird zur Wechselstube. Die Gleichung ist einfach: Sie investieren Zeit in Ihr Wohlbefinden und heraus kommt Lebensfreude. Ist doch ein toller Wechselkurs, oder?

Keine Ausreden! Eine Terrine oder eine große Schüssel hat jeder im Schrank und ein Holzbrett, das die Brotscheiben aufhübscht, auch. Und wenn kein Brot da ist, dann essen Sie eben Chips zur Suppe – aber nicht aus der Tüte, das müssen Sie mir versprechen! Hören Sie auf, mit der Zeit zu knausern, die Sie sich selbst gönnen. Schenken Sie sich täglich ein paar zusätzliche Minuten. Und Ihr Zuhause freut sich mit Ihnen, wenn die Schätze aus den Schränken dürfen, die dort schlummern.

Nicht nur an Feiertagen oder wenn Besuch kommt.

KENNEN SIE „FATSCH"?

**Wo wird zuhause glücklich gegluckst?
Wo ist das Epizentrum der Leidenschaften?
Der Ort der hemmungslosen Hingabe?
Genau: In der Küche!**

Dort, wo die Remouladensoße haust und das Mirabellenkompott, wo die Gläser mit Nutella und mit Bratrollmöpsen lauern.
Die Küche zuhause ist das Ende der Versteckspielchen: Pudding, Pasta und Apfelkuchen mit Sprühsahne; kein Kalorienzählen und Gewissenszwicken. Jede Wette, dass selbst diejenigen, die sich während der Mittagspause in drei Blättchen Salat mit Joghurtdressing verbeißen, am Abend vor dem Kühlschrank alle Hemmungen fallen lassen? Eigener Herd ist Goldes wert. Hier bin ich gierig, hier darf ich's sein! Auf dem Küchenstuhl wippend, mit strahlendem Gesicht eine große Portion Kartoffelpüree mit Butter verspeisen ... Wunderbar! Oder Fudge! Fudge die Superpraline. Fudge, das Konfekt, das mehr Kalorien auf einem Kubikzentimeter zusammenpresst als Butter. Eigentlich **ist** es Butter, nur besser! Schon der Name macht gute Laune. Die Disziplinierten unter uns, die nach einem Stück Fudge ihre Gier an die Kette legen können, nennen die sündigen Stückchen gerne „Fjuuutsch". Ist natürlich falsch, klingt aber sehr viel vornehmer als „Fatsch!" Egal wie Sie es aussprechen, die kleinen sündigen Dinger können Ihre Küche in eine Wellnessoase verwandeln. Schließen Sie die Tür hinter sich. Ich verrate Ihnen mein Lieblingsrezept!

LIEBLINGSREZEPT

350 g gesüßte Kondensmilch
200 g Zartbitterkuvertüre
1 Röhrchen Backaroma Vanille
350 g Erdnussbutter cremig, ohne Stückchen

Eine quadratische Kastenform – 20 x 20 cm – mit Backpapier auskleiden und zusätzlich ausfetten (perfekt ist Trennfettspray). Die Kondensmilch und die zerkleinerte Schokolade im Wasserbad schmelzen, bis alles schön verbunden und flüssig ist. Herdplatte ausschalten, Vanillearoma unterrühren und zum Schluss die Erdnussbutter hinzufügen. Gut verrühren und sofort in die Kastenform füllen. Mit einem Löffelrücken festdrücken, so dass eine möglichst gerade Oberfläche entsteht. Kalt stellen. Nach ca. 3 Stunden ist der „Fatsch" fertig und kann in Stückchen geschnitten werden. Fudge ist in einer verschlossenen Dose gekühlt eine gute Woche haltbar.
Sehr viel lustiger ist es aber, alles, was sie nicht sofort vernaschen, ins Büro mitzunehmen. Stellen Sie die in Stücke geschnittene Versuchung auf Ihren Schreibtisch und beobachten Sie, wie sich Disziplin und guter Vorsatz bei den Salatblättchenbeißerinnen in Luft auflösen. Das ist dann Ihr (kalorienfreier) Bonus, weil Sie die Fudges so schön zubereitet haben.

Der Herr behütet
alle, die Ihn lieben.

Zuversicht-lichkeit

FEHLERFAHNDEREI VERBOTEN!

Sie wollen schön wohnen? Dann tun Sie's doch einfach! Das Wohnglück zieht unmittelbar bei Ihnen ein, sobald Sie aufhören, Ihr Zuhause als Fehlerfahnder zu inspizieren. Sicher, Schwachstellen müssen lokalisiert und bearbeitet werden, aber griesgrämiges „Egal-was-ich-mache-alles-sieht-blöd-aus-Gemeckere" führt garantiert nicht zu Ihrer Traumwohnung.

Lottospielen übrigens auch nicht, denn wenn Sie nicht aufhören, nach den Haaren in der Suppe zu tauchen, wird Ihnen auch der teuerste Inneneinrichter nicht helfen können. Das Suchen nach den Macken Ihrer Wohnung wird irgendwann zur „Verhinderei", und je länger Sie sich in Ihrem Wohn-Unglück suhlen, desto unwahrscheinlicher wird es, dass Sie anfangen, neue Wege zu gehen.

Mein Tipp: Ändern Sie den Blickwinkel, mit dem Sie Ihr Zuhause beobachten. Schmeißen Sie den Job als Fehlerfahnder hin und werden Sie stattdessen Schatzsucher. Bewundern Sie die Dinge, die schön sind in Ihren vier Wänden. Das Schränkchen in Mäusebauchgrau, das so herrlich vor die Blockstreifentapete passt, oder die wasserblaue Bettwäsche oder der große alte Sessel, in dem das Wort Gemütlichkeit erfunden wurde. Jeder hat etwas, das wirklich schön ist in seinem Zuhause. Und wenn es Ihnen scheint, dass das einzig ansehnliche an Ihrer Wohnung die Aussicht aus dem Küchenfenster ist, dann fangen Sie eben mit der Freude über die Aussicht aus dem Küchenfenster an! Dann arbeiten Sie sich über die Fensterbank durch zu Küchentisch und Gewürzregal und dann langsam Richtung Wohnzimmer. Immer auf der Suche nach den Schätzen, nicht nach den Schmuddelecken. Es wird nicht lange dauern, und Sie beginnen mit Spiegeln Ihre Räume zu vergrößern und dunkle Ecken mit Kerzenleuchtern zu erhellen. Nehmen Sie reichlich davon. Und nicht vergessen, die Kerzen so oft wie möglich anzuzünden! Wer sagt jetzt, dass Ihr Zuhause keine Schätze zu bieten hat?

DIE MACHT DES SCHLUDRIGEN UNTERBEWUSSTSEINS

Lassen Sie sich von Ihrem Unterbewusstsein helfen, wenn Sie Ihr Zuhause erschaffen! Sofa oder Kuschelsessel? Parkett oder Teppichboden? Antiquitäten oder schwedischer Bausatz? Wenn man umzieht oder umbaut, sind hunderte von Entscheidungen zu treffen.

Am schwierigsten sind die, die eine lange Laufzeit haben. Obwohl nichts für die Ewigkeit gemacht ist, ein neues Sofa wird zum Familienmitglied, mit dem man eine ganze Weile zusammenlebt. Es ist also völlig normal, dass eine solche Kaufentscheidung gut überlegt sein will. Eher praktisch oder eher herzerwärmend? Muss es zum Bestandsmobiliar passen oder soll es willkommener Anlass sein, den Rest der Möbel endlich zu entsorgen?

Es ist oft besser, eine Entscheidung nicht auf Biegen und Brechen zu erzwingen. Warten Sie, bis Ihr Unterbewusstsein die passende Entscheidung von der Kette lässt. Klingt wie Hokuspokus? Ist es aber nicht. Der Verstand ist präzise, kann aber nicht allzu viele Dinge gleichzeitig verarbeiten. Ungefähr fünfzig Bits, sagen die Wissenschaftler. Dann ist beim Verstand Schluss mit dem gleichzeitigen Verarbeiten von Informationen. Das Unterbewusstsein des Menschen ist schludriger. Das ist aber Ihre Chance! Denn das Unterbewusstsein kann Millionen von Bits auf einmal verarbeiten.

Was lernen wir daraus? Umbaupläne machen, dann zurücklehnen und das Unterbewusstsein multitasken lassen. Es klopft dann bei Ihnen an, und plötzlich wissen Sie ganz genau, was zu Ihnen passt.

„Ich wahr auf der Baustele und das Haus ist schön!" Mein Sohn hatte seine Entscheidung sofort getroffen, als er unser Haus sah. Dabei war es vor dem Umbau wirklich eine traurige Erscheinung. Tim jedoch hat die wahre Schönheit – aus dem Bauch heraus – erkannt. Den Zettel, den er schrieb, habe ich eingerahmt und hüte ihn wie einen Schatz.

MAN KANN HÖREN, OB ETWAS SCHMECKT

Neulich hat mir eine Kollegin ein Rezept aus einer Zeitschrift vorgelesen. Eine Art Gemüsekuchen mit Sahne. Meine Ohren meldeten mir sofort, dass auf diesem Rezept kein Segen liegen würde. Tags darauf stimmten meine Geschmacksnerven dieser Vorahnung zu.

Die Kollegin hatte sich viel Mühe bei der Zubereitung gegeben, aber das Ergebnis war kläglich. Ich finde, man kann tatsächlich „hören", ob etwas zusammenpasst. Man muss die Dinge nicht erst zusammenrühren, um zu wissen, dass sie nicht schmecken.
Beim Einrichten ist es ähnlich. Man kann lernen, „blind" zu entscheiden, ob etwas im Raum gut aussehen wird oder nicht. Einen Satz wie „Ich kann nicht räumlich denken" lasse ich nicht gelten. Er ist übrigens genauso wenig wahr wie: „Ich habe keinen Orientierungssinn!" Glauben Sie immer alles, was man Ihnen erzählt?
Wenn in Wahrheit der Mut fehlt, spontan ein paar Möbel zu rücken, wird auch dieser Satz gern genommen: „Ich hab' kein Augenmaß!" Kommt Ihnen bekannt vor? Augenmaß kann man üben, genau wie Zeitgefühl. Kaufen Sie sich fürs Erste einen Zollstock, damit Sie den Schrank nicht vom Speicher schleppen, um erst in der Küche zu merken, dass er zu groß ist. Mit der Zeit werden Sie ein sicheres Gespür dafür entwickeln, welche Möbel in welche Lücken passen. Vertrauen Sie sich! Und noch etwas können Sie trainieren: Sie können lernen zu spüren, was zueinander passt. Üben Sie! Mit Materialien, Farben und Formen.
Je weiter Dinge optisch auseinanderliegen, desto besser harmonieren sie. Klingt unlogisch? Ist aber so! Oft stehen in einem Raum verschiedene Holzmöbel, die alle ein paar Töne voneinander entfernt sind. Solche Räume wirken unruhiger als die, in denen ein Teil der Möbel farbig gefasst und der andere im Naturton belassen wurde.
Bei Formen ist es ähnlich. Es ist erfolgversprechender, ein ovales oder rundes Tischchen vor die puristische Kommode zu stellen als eckig mit eckig zu kombinieren. Und mit Farben und Stoffen ist es ... Sie ahnen es? Genau! Da ist es ganz ähnlich! Sofakissen, die alle „fast das gleiche" Blau haben, geben ein bemühtes Bild ab. Mixen Sie lieber mutig quer durch die riesengroße Blau-Palette von Blaubeerquarkbleu bis Petrol. Und mischen Sie uni mit Streifen und große mit kleinen Blumen. Sachen, die nur „so einigermaßen" zusammenpassen, machen unruhig. Lösen Sie sich von sogenannten Regeln und vertrauen Sie Ihrem Gefühl. Ich verspreche Ihnen, das Ergebnis wird Sie glücklich machen.

506

MACHEN SIE'S MIT LINKS!

Ich liebe es – so viel ist inzwischen bekannt –, Dinge anzustreichen. Am schönsten ist es, wenn ich richtig viele Stücke beisammen habe, denen ich eine Beauty-Kur verpassen kann.

Wenn es draußen trocken und warm ist, lege ich die Wiese in meinem Garten mit Laken aus oder stelle einen Tapeziertisch auf. Darauf platziere ich alles, was eine Auffrischung nötig hat, und streiche mich von links nach rechts den ganzen Tisch entlang: Kerzenleuchter, Holzschatullen, Fußbänkchen, Bilderrahmen. Ein Ding nach dem anderen, bis ich Zeit und Raum völlig vergessen habe. Meine Gedanken gehen auf weite Reisen, und ich fühle mich wunderbar dabei. Versuchen Sie's ! Man kann tatsächlich streichen, bis sich der Glücks-Flow einstellt. Das ist kein Witz! Verschönern Sie Ihr Zuhause und verschwinden Sie auf dem Weg dorthin glücklich lächelnd im Hier und Jetzt. Sobald Sie genug Glück getankt haben, krönen Sie das Ganze mit ein paar Trainingseinheiten fürs Hirn. Das geht so: Nehmen Sie abwechselnd die linke Hand zum Streichen und nach ein paar Minuten die rechte. Wiederholen Sie das ein paar Mal. Das bringt Ihre Gehirnhälften so richtig in Wallung und pusht (wissenschaftlich erwiesen) Ihren Ideenreichtum! Und weil sich unsere Kreativität dabei so wunderbar warmlaufen kann, wiederholen wir das Pensum alle paar Tage. Und im Anschluss an diese Grips-Gymnastik werden sofort alle Ideen aufgeschrieben, die Ihnen durch den Kopf flitzen. ALLE, auch wenn Ihnen einige noch so abwegig erscheinen! Ich bin sicher, es sind immer wieder ein paar echte Perlen dabei!

KLEINE MÖBELAPOTHEKE

LÖCHER STOPFEN

Holzkitt sollte in keiner Vintage-Werkzeugbox fehlen. Aber immer nur die kleinste Größe kaufen. Der Kitt trocknet nämlich sehr schnell aus. Im Notfall hilft auch Folgendes: Sammeln Sie die „Brösel", die beim Schleifen abfallen. Mit ein paar Tropfen Holzleim oder Kleber gemischt, sind die Löcher im Holz damit schnell gestopft.

WENN'S WACKELT

Holzleim kann eine Menge. Sie sollten dazu Schraubzwingen in verschiedenen Größen im Haus haben. Denn die Teile müssen gut fixiert werden, während der Leim trocknet. Es muss aber nicht unbedingt Holzleim sein, moderne Powerkleber ersparen oft den Weg zum Schreiner.

Wenn geschraubt werden muss, ist nur die halbe Kraft nötig, wenn Sie die Schrauben durch ein Stück Seife ziehen, bevor sie ins Holz versenkt werden.

VERFESTIGEN STATT VERZWEIFELN

Im Internet kann man unter dem Schlagwort Restaurierungsbedarf Spezialmittel bestellen, die in keinem Baumarkt zu finden sind. Sehr hilfreich sind Holzverfestiger. Wurmstichiges, morsches Holz kann damit wieder fest gemacht werden, so dass man es schleifen und überlackieren kann.

HOLZWÜRMER VERJAGEN

Viele fürchten sich vor Holzwürmern. Ich nicht! Sie ab heute auch nicht mehr!! Holz, das schon morsch genagt ist, ist schwer zu retten. Auch wenn es für alles Lösungen gibt, ist es doch leichter, die fiesen kleinen Nager daran zu hindern, ihr Werk zu vollenden. Kleine Teile werden für mindestens 48 Stunden in den Gefrierschrank gelegt, große kommen bei klirrender Kälte auf den Balkon. Chemie hilft natürlich auch, aber ich finde, Gift gehört nicht auf Möbel, die mit mir in einem Raum leben wollen. Versuchen Sie stattdessen das:

Eicheln auf das Möbelstück legen. Das lockt die Plagegeister aus den Löchern. Sie müssen ihnen dann allerdings auflauern.

Essigessenz auf die Löcher pinseln und mit Folie abdecken. Das macht sie sauer und sie geben auf!

Hau-ab-Beize! Riecht nicht gut, hilft aber! Je ein Teelöffel Salz, Pfefferkörner, Senfkörner, gehackter Knoblauch und Wermutkraut (gibt's getrocknet). Alles mit einem Liter weißen Haushalts- oder Spritessig aufkochen. Vorsicht! Essigdämpfe reizen die Schleimhäute. Den Sud abgekühlt ein- bis zweimal auf das Holz auftragen.

GEDULDSFADENMESSGERÄTE

Geduld ist eine Tugend! Und eine der wichtigsten Wohntugenden obendrein! Ohne Geduld ist ein behagliches Zuhause undenkbar, denn Geduld und seine kleine Schwester, die Gelassenheit, sind die beste Versicherung gegen hastiges Einrichtungsroulette.

Es wird Sie vielleicht wundern, aber die Natur hat mich nicht freiwillig mit Geduld beschenkt. Tausende von Geduldsfäden sind mir im Laufe meines bisherigen Lebens gerissen, bis ich eines Tages anfing, ein paar Trainingsmethoden zu entwickeln. Eine gute Methode ist es, Schränke mit vielen, vielen kleinen Schubladen zu streichen oder vierjährigen Söhnen Fahrradfahren ohne Stützräder beizubringen. Sehr gut geeignet ist auch 120 Meter Stoffstreifen aus alten Bettlaken zu einem bildschönen Badezimmerteppich zu verhäkeln oder Gefäße mit geschliffenem Gewinde zu öffnen. Solche Gefäße sollten in keinem Haushalt fehlen, denn sie sind echte Geduldsfadenmessgeräte. Geschliffene Glasstöpsel in Karaffen übrigens auch! Beides lässt sich nur dann öffnen, wenn man nicht hetzt! Geht man hektisch und verbissen daran, verkantet sich alles und nichts geht mehr. Deckel zu, Stöpsel zu! Rien ne va plus. Wenn man Pech hat für immer. Da hilft kein Ruckeln und kein Rütteln. Toben auch nicht, und der Trick mit dem kochendheißen Wasser führt höchstens zu verbrühten Fingerkuppen und geplatztem Glas oder Porzellan. Hören Sie auf, die Zähne zusammenzubeißen und verbissen zu drehen, und versagen Sie sich den rachsüchtigen Gedanken, das gute Stück mit Hilfe eines Hammers zu öffnen. Nehmen Sie das Gefäß in beide Hände als wäre es ein frisch geschlüpftes Entenküken. Atmen Sie tief durch und drehen Sie Deckel oder Stöpsel nun so sanft, wie Sie können, ein paar winzige Millimeterchen zur Seite. Es ist total verblüffend, wie unlösbar Scheinendes widerspruchslos auseinandergleitet. Bei ganz schwierigen Fällen, etwa wenn ein antikes Gefäß seit Jahrzehnten fest verschlossen gewesen ist, nimmt man den Stiel eines Kochlöffels und klopft mit ganz leichtem „pling" gegen den Rand. Funktioniert!
In Amerika sagt man: „If trying harder doesn't work, try softer." Hängen Sie sich diesen Satz an die Wand. Er wird Ihnen helfen, wenn Sie mal wieder mit dem Fuß aufstampfen wollen.

IF TRYING
HARDER
DOESN'T WORK,
TRY SOFTER.

MEINE BESTE
ZEIT
IST JETZT!
MEIN LEBEN

NICHT WOLLEN WOLLEN

Es gibt Dinge, die kann man nicht wollen, die müssen einfach passieren. Einschlafen zum Beispiel oder sich verlieben. Klappt nicht, wenn man es verbissen will.

Es gibt Situationen im Leben, da muss man los- und den Dingen ihren Lauf lassen. Dieser Rat ist einer der kostbarsten, den ich Ihnen geben kann, wenn Sie ein neues Zuhause beziehen: Lassen Sie den Dingen ihren Lauf. Natürlich müssen Sie ausmessen, ob Ihr Kleiderschrank ins Schlafzimmer und der Kühlschrank mit Eiswürfelmaschine, von dem Sie seit Jahren träumen, in die neue Küche passt. Und ja, es sollte möglichst bald Betten geben und einen Tisch, an dem man essen kann. Aber sobald Nachtruhe und Nahrungsaufnahme gesichert sind, können Sie einen Gang zurückschalten. Niemand zwingt Sie, die Housewarming-Party zwei Wochen nach dem Einzug zu veranstalten. Der einzige, der Druck macht, sind Sie selbst.

Hören Sie auf damit. Nehmen Sie sich die Zeit, jeden Raum im unterschiedlichen Licht der Tageszeiten zu erleben. Füllen Sie den Inhalt Ihrer Umzugskartons nicht übereilt in die Schränke, denn wenn die erstmal vollgepackt sind, werden Sie nicht mehr zu denken wagen, dass sie an einer anderen Stelle vielleicht besser aussehen könnten. Schränke sind nicht festgedübelt. Sie dürfen so lange hin- und hergeschoben werden, bis Sie zufrieden sind.

Ich verspreche Ihnen, das schöne Wohnen stellt sich automatisch ein, wenn Sie die Zügel lockerer lassen. Plötzlich will eine Kollegin einen Tisch loswerden, der herrlich in Ihren neuen Küchenerker passt, und eine Freundin hat beim Aufräumen einen Vorhangstoff gefunden, der genauso grün ist wie die Streifen in Ihrer Lieblingsbettwäsche. Ihr Traumkühlschrank ist plötzlich im Supersonderangebot zu haben, und Ihre neue Nachbarin entpuppt sich als begnadete Näherin, die sogar vor Sofahussen nicht zurückschreckt. Ich habe schon oft erlebt, dass solche Sachen passieren, wenn Ruhe und Gelassenheit beim Einrichten zur Seite stehen. Verlassen Sie sich darauf!

JEDER BRAUCHT ETWAS, DAS IHN BESCHÜTZT

Von Zeit zu Zeit zwingt uns das Schicksal stehen zu bleiben und die Augen weit aufzumachen. Es tut nichts weh, und doch fühlt es sich an, als würde der Seele die Haut abgezogen. Egal wie alt Sie sind, Sie suchen nach jemandem, der weiß, wie man diesen Schmerz anhält.

Es stehen Freunde an Ihrer Seite, aber genauso wenig wie sie eine Fischvergiftung oder eine Migräneattacke für Sie übernehmen können, so wenig können sie machen, dass Ihr Schmerz aufhört. Es sind fast immer Schicksalsschläge, die die wichtigen Kreuzungen in unserem Leben markieren. Solange die persönliche Komfortzone Kissen und aufgeschäumte Milch zum Kaffee bereithält, gibt es keinen Grund stehen zu bleiben und nach innen zu schauen. Manchmal wird man sich später erinnern, dass es Warnungen gegeben hat, aber meist kann man nicht mal mehr bremsen, wenn das Schicksal uns zwingt, aus dem gewohnten Leben auszusteigen.
Eine Freundin von mir war von heute auf morgen mit einer schrecklichen Krankheit konfrontiert. Erst war sie starr vor Schreck und dann begann sie einen Sinn darin zu suchen. Sie fand sich plötzlich ständig mit Worten konfrontiert, die sich ihr anboten wie eine Schulter zum Anlehnen. Sie fand Sätze in der Tageszeitung, in Büchern und auf facebook. Sätze, die nur für sie geschrieben zu sein schienen. Sie kopierte, druckte und schnippelte und hing alle auf. Am Badezimmerspiegel, am Kühlschrank, an der Innenseite der Haustür. Und zwischendrin brüllte sie vor Wut. Sie schrie, es wäre eine Unverschämtheit, dass es gerade sie getroffen habe und dass ihre Krankheit eine verdammte Zumutung sei. Am Tag darauf fand sie IHREN Satz dort, wo sie am wenigsten damit gerechnet hatte. In der Kundenzeitschrift einer Drogeriemarktkette. Dort las sie, dass in „Zumutung" das Wort „Mut" steckt. Der Mut, den man braucht, um sich seinem Schicksal entgegenzustellen. Meine Freundin kämpft seitdem. Und sie tut es sehr erfolgreich!
Fast alle Schicksalsschläge haben mit Verlust zu tun. Der Verlust eines geliebten Menschen, der Verlust der Gesundheit, der Verlust der Existenz. Haus, Job, Erspartes. Der Verlust, der die Kreuzung in meinem bisherigen Leben markierte, war der Verlust des Vertrauens. Ich weiß heute, dass man schlimmer nicht bestohlen werden kann. Ich war unendlich traurig in dieser Zeit. Irgendwann lächelte mich auf einem Flohmarkt eine Madonnenfigur an. Groß und aus Gips mit einem Mantel in einem Blau wie Quark mit Heidelbeeren. Ich nahm sie mit und stellte sie auf meinen Schreibtisch. In den folgenden Monaten liefen mir die Heiligenfiguren nur so zu. Wo immer ich über Flohmärkte schlenderte, waren sie schon da und warteten auf mich: meine Schutzheiligen. Mit jedem Monat kam ein Stück meines alten Vertrauens zurück. Wenn mich Zweifel plagten, lächelten mich meine Schutzpatrone an, und ich lächelte immer öfter zurück. Die dunklen Wolken sind vorbeigezogen. In mein Leben ist Vertrauen und Glück zurückgekehrt, und ob Sie es glauben oder nicht, ich finde keine Heiligenfiguren mehr. Ich war auf vielen Flohmärkten seither, aber ich komme stets ohne Heiligenfiguren heim. Wahrscheinlich bieten sie nun jemand anderem ihre Hilfe an. Jeder braucht doch etwas, das ihn beschützt, oder?

1/3 Ltr.

MUTBESCHLEUNIGER

Manchmal wünschen wir uns etwas, das uns Zuversicht verleiht. Etwas, das Mut macht, Dinge zu tun, für die uns normalerweise die Traute fehlt. Die Wohnzimmerwand neben dem Fenster zum Beispiel Brombeerlila zu streichen und mit ausrangierten Holzpaletten eine Bettenlandschaft sündigen Ausmaßes zu bauen.

Oder Mr. Big unsere Telefonnummer zuzustecken, falls wir ihn in New York träfen ... Für jeden dieser Fälle können Sie es mit zwei oder drei Gläschen Wodka versuchen, aber dann erkennen Sie Mr. Big vielleicht nicht, wenn es darauf ankommt, oder Ihr Brombeerlila endet als streifiges Brikettgrau. Haben Sie heißes Wasser im Haus? Gut, dann sind Sie nur noch ein paar Schafgarben-Blüten von Ihrer neuen Zuversicht entfernt. Pflücken Sie ein paar der weißen Blüten, die von Frühjahr bis Herbst auf jeder Wiese zu finden sind. Sollten Sie sich mit Pflanzen nicht so gut auskennen, gehen Sie in die Apotheke, dort bekommen Sie das Kraut getrocknet. 2 Teelöffel Schafgarbe in eine Tasse geben – gehäufte Löffel, wenn frisches Kraut, und gestrichen, wenn trockene Blüten –, mit kochendem Wasser übergießen, 10 bis 15 Minuten ziehen lassen und abseihen. Wenn Sie ein Tee-Ei nehmen, sparen Sie sich einen Arbeitsschritt und die Zuversicht ereilt sie schneller. Achillea Millefolium, so der botanische Name, ist nach Achilles benannt, und Sie wissen, dem graute vor nichts. Millefolium steht für die vielen, vielen kleinen Blätter der Schafgarbe. Die sind es auch, mit denen wir uns vor wichtigen Vorhaben verbünden müssen. Warum? Weil böse Geister aller Art ganz verrückt danach sind, Dinge zu zählen! Die tausend Blättchen der Schafgarbe verleiten sie dazu, umgehend damit anzufangen. Und weil die Spitzbuben bei der Blättchenmenge ständig durcheinander kommen, vergessen sie, die Pläne von uns Teetrinkern zu stören. Und Sie können in Ruhe Ihre Wohnzimmerwand streichen.

TIPP!

Brauchen Sie einen Mutbeschleuniger für unterwegs?
Dann sollten Sie stets eine Stange Süßholz in der Handtasche haben. Wenn Sie irgendwo, bei irgendwem oder irgendwas der Mut verlässt: Süßholz in den Mundwinkel und drauflos kauen.

DIE SILVESTER-PINNWAND

Wenn es draußen dunkel wird am letzten Tag des Jahres, wenn alles erledigt ist, wenn die Getränke im Kühlschrank lagern und das kleine Schwarze zum Entknittern an der Schlafzimmertür hängt, dann ist es Zeit für mein Silvesterritual! Ein alter Rahmen, den ich zur Pinnwand gemacht habe, und ein Karton, gefüllt mit Zetteln, spielen dabei eine wichtige Rolle. Zeit für ein Glas Champagner und für mich!

Ich setze mich vor die Pinnwand und breite die gesammelten Schnipsel aus. Ein ganzes Jahr habe ich sie gesammelt. Alles ausgeschnitten, was mein Herz berührt oder meine Kauflaune animiert hat. Postkarten mit klugen Sprüchen, Fotos, Notizen. Sogar das Einwickelpapier einer Schokolade, die mir besonders gut geschmeckt hat.
Irgendwann war mir eingefallen, dass der Silvesterabend ein würdiger Moment ist, um die Gedanken und Wünsche des zurückliegenden Jahres einer Überprüfung zu unterziehen. Jeder weiß, wie schwer es ist, die eigenen Wünsche zu äußern. Die meisten zucken verlegen mit den Achseln, wenn Sie nach einem Geburtstagswunsch gefragt werden. Wie viel schwieriger ist die Antwort, wenn es um die Wünsche für ein ganzes Jahr geht.
Seit am Silvesterabend meine Pinnwand auf mich wartet, habe ich es leicht. Ich greife in die Pappschachtel, und alle meine Wünsche, die ich ein Jahr lang gesammelt habe, liegen vor mir. Und weil sich stets auch ein altes Jahr verabschiedet, kann ich obendrein überprüfen, was aus meinen Wünschen geworden ist. 7 Zettel hatte ich an der Silvester-Pinnwand: eine Parfumwerbung, weil ich mich immer wieder mal erinnern muss, mir ein bisschen Luxus zu gönnen. Ein Zitat der wunderbaren Katja Eichinger: „Angst ist immer ein schlechter Ratgeber!", das mir helfen sollte, mich nicht grundlos zu fürchten. Ein Foto meines Lieblingsautors John Irving, ein Bild von einem Holzjacuzzi für den Garten, die Skizze einer neuen Buchidee, eine leere Tüte „hjuplakkris" und ein Prospekt über amerikanische Holzhäuser. Und soll ich Ihnen was sagen? Das Wünschen hilft! Ich habe es im zurückliegenden Jahr zwar nicht geschafft, John Irving in Vermont zu besuchen. Aber immerhin habe ich mich in Island mit einem Dutzend Tüten „hjuplakkris" eingedeckt. Das sind Lakritze mit Schokoüberzug, die göttlich schmecken. Ich rieche wie ein Blümchen, weil ich mir ein Luxusparfum gegönnt habe, und der Jacuzzi steht im Garten. Ich habe ihn selbst gebaut, und während des ganzen Sommers hat er uns erfreut. Aus dem einen Buch sind sogar zwei geworden, nur das Bild vom Holzhaus im Neuengland-Stil wird am Silvesterabend auf die Pinnwand fürs nächste Jahr umziehen müssen. Ich suche immer noch nach einem Stückchen Land, auf dem mein Haus stehen soll. An einem See in Bayern, in dem mein Sohn angelt, während ich auf der Terrasse ramponierte Möbel vom Flohmarkt in Schönheiten verwandle. Ich sehe die Szene genau vor mir und bin entschlossen, dass sie irgendwann Wirklichkeit wird. Glauben Sie nicht? Ich schon, denn ich hatte eine ziemlich kluge Grossmutter. Die hat mich ermutigt, an Zielen festzuhalten. In der schnörkellosen Sprache des Ruhrgebiets gab sie mir einen Rat, dem an Klarheit nichts hinzugefügt werden muss: „Wenne weiß, watte wills, musse machen, datte hinkomms!"

P.S. Sollten sie ein klitzekleines Seegrundstück für mein Holzhäuschen wissen, dann zögern sie nicht mir zu schreiben: office@raumseele.de

NÓA
hjúplakkris
"What day is it?" asked Pooh.
"It's today," squeaked Piglet.
"My favorite day," said Pooh.
Hermès

IMPRESSUM

ISBN 978-3-572-08166-0

1. Auflage

Projektleitung und Redaktion: Dr. Iris Hahner
Umschlaggestaltung: Atelier Versen, Bad Aibling
Fotos: Sonia Folkmann, Düsseldorf, mit Ausnahme Seite 113 unten: Martina Goernemann
Layout und Satz: Gudrun Bürgin Gestaltung, München
Herstellung: Sonja Storz

Verlagsgruppe Random House FSC®N001967
Das für dieses Buch verwendete FSC®-zertifizierte Papier *Juwel offset* liefert Arctic Paper, Kostrzyn.

FSC
www.fsc.org
MIX
Papier aus verantwortungsvollen Quellen
FSC® C011124

Druck & Bindung: Mohn Media, Gütersloh

Printed in Germany